Peter Sloterdijk
Im selben Boot

Versuch über die
Hyperpolitik

Suhrkamp

Umschlagillustration:
Théodore Géricault, Das Floß der Medusa, 1819
Foto: Giraudon, Vanves

suhrkamp taschenbuch 2447
Erste Auflage 1995
© Suhrkamp Verlag Frankfurt am Main 1993
Suhrkamp Taschenbuch Verlag
Alle Rechte vorbehalten, insbesondere das
des öffentlichen Vortrags, der Übertragung
durch Rundfunk und Fernsehen
sowie der Übersetzung, auch einzelner Teile.
Druck: Nomos Verlagsgesellschaft, Baden-Baden
Printed in Germany
Umschlag nach Entwürfen von
Willy Fleckhaus und Rolf Staudt

2 3 4 5 6 – 00 99 98

Im selben Boot

Cultura non fecit saltus

Dieter Claessens,
Das Konkrete und das Abstrakte

Bismarcks bekanntes Diktum, Politik sei die Kunst des Möglichen, verbirgt eine Warnung vor dem Übergriff großer Kinder auf den Staat. In den Augen des Staatsmanns wären wie Kinder jene Erwachsene geblieben, die nie in die Lage kamen, den Unterschied zwischen dem politisch Möglichen und Unmöglichen zuverlässig zu erlernen. Die Kunst des Möglichen ist gleichbedeutend mit der Fähigkeit, den Spielraum der Politik gegen Zumutungen aus dem Unmöglichen zu schützen. Als königliche Kunst stünde die politische demnach an der Spitze einer Rationalitätspyramide, die zwischen Staatsraison und Privatraison, zwischen Fürstenweisheit und Gruppeninteressen, zwischen politischen Erwachsenen und politischen Kindern ein hierarchisches Verhältnis etabliert. Nimmt man das Wort von der Kunst des Möglichen hinreichend ernst, so öffnet sich in ihm ein Raum von Konnotationen, der zurückreicht bis zu Platos Forschungen nach den Qualifikationen des Staatsmanns und zu den aristotelischen Fragen nach dem Grund des Zusammenseinkönnens von Menschen in Gemeinwesen.

Nun ist die Entdeckung der Schwierigkeit, Menschen in Städten und Staatswesen zu einem gemeinsamen guten Leben zusammenzuhalten, gewiß keine griechische Exklusivität. Man muß in diesen Dingen wohl einen gewissen Parallelverlauf zwischen Sachgeschichte und Problemgeschichte ansetzen, und folglich dem Bewußtsein von den möglichen Krisen und Entartungen des Politischen eine historische Tiefe zugestehen, die kaum weniger weit reicht als die Realgeschichte von Städten, Reichen und Königsherrschaften. Man kann sich davon überzeugen anhand jener relativ seltenen antiken Dokumente, die erkennen lassen, wie politische Negativität in geschriebene Texte vordrang, etwa in den altägyptischen Klagen über die Verwüstung der Landesmoralität und der gemeinsamen Rede, in den Dekadenztheorien des frühen Taoismus, die das Aufkommen der städtischen Handwerke und der höfischen Künste in eine Universalgeschichte der Verwahrlosung einzeichnen, und in dem Korpus altjüdischer Propheten-Texte, die von der Schwierigkeit handeln, ein Volk als ganzes durch die Ideen des Gottes-Bundes und der Auserwählung zu konditionieren. Unter den Überlieferungen des alten Judentums kommt dem Mythos vom Turmbau zu Babel eine besondere Signifikanz zu. Man hat in der langen Deutungs- und Wirkungsgeschichte dieses kurzen Berichts aus Genesis 11,1-11 seit jeher die Empfindung ausgedrückt, daß der Turmbau-Mythos etwas von der politischen *conditio humana* in der Zeit der Reiche und Hochkulturen artikuliert – gleichsam als Wiederholung des Mythos von der Vertreibung aus dem Paradies auf politischer Stufe.* Die Katastrophe von Babel schildert die Urszene des Konsensus-

* Vgl. Arno Borst, *Der Turmbau von Babel. Geschichte der Meinungen über Ursprünge und Vielfalt der Sprachen und Völker*, 3 Bände, Stuttgart 1957 ff.

Verlusts unter den Menschen und den Anfang der schlechten Vielheit:

> 6 Der Herr sprach: »Siehe sie sind ein Volk, und nur eine Sprache haben sie alle; das aber ist erst der Anfang ihres Tuns. Nichts von dem, was sie vorhaben, wird ihnen unmöglich sein. 7 Wohlan, laßt uns hinabsteigen! Wir wollen dort ihre Sprache verwirren, daß keiner mehr die Rede des anderen versteht!« 8 Und der Herr zerstreute sie von da aus über die ganze Erde hin; sie hörten mit dem Städtebau auf. 9 Darum heißt die Stadt ›Babel‹; denn dort hat der Herr die Sprache der ganzen Welt verwirrt, und von da aus hat er sie über die ganze Erde hin zerstreut.«

Zerstreuung und Vielheit des Menschengeschlechts erscheinen im Licht dieser mythischen Urkunde als Resultat einer göttlichen Intervention gegen die Macht der geeinten Menschheit. Den älteren Interpreten des Mythos muß der Grund dieses Eingriffs so evident gewesen sein, daß sie das Fehlen einer expliziten Motivierung im Schrifttext kaum vermißten: die biblische Welt ist ein Reich der Unterscheidungs-Ethik, die keine übergroßen Ähnlichkeiten duldet – zumal nicht die zwischen einem machtvollen Gott und einer machtvollen Menschheit. Daher ist die Zerstreuung aus Babel nur zu gut motiviert: als eine antimimetische Maßnahme, sprich als ein Akt der Verunähnlichung, die einer politischen Kastration der Gattung gleichkommt. Die Menschheit erscheint in diesem Licht als die metaphysisch virulente Species, die durch Absturz in die Vielheit gedemütigt werden muß. Der biblische Herr ist also nicht nur ein diffusionistischer Sadist, der nicht zulassen möchte, daß zusammenhängt, was zusammengehört; er ist auch und mehr noch ein Herr der Diskretion, der zerstreut und scheidet, das auf unzuträgliche Weise zusammengeballt war. Der Mythos von Babel präsentiert die Vertreibung der Menschheit aus einem Einheitsparadies, dessen politischer Inhalt einen klaren Namen tragen könnte: den *consensus*, die perfekte Übereinstimmung von Gesinnungen und Aufgaben – die Leute von Babel wußten zu gut, was sie sollten und wollten; ihr Turmprojekt war, nach allem, was wir von ihm wissen, ein allzu einmütiger Feldzug in die Höhe. Die Sprachkatastrophe war nur das Mittel zu dem Zweck, die Einheit des Volks von Babel in einem gemeinsamen Vorhaben zu zerbrechen. Insofern läßt sich die Geschichte vom gescheiterten Turmbau als ein radikal antipolitischer oder antiimperialer Mythos lesen – er statuiert die Abwesenheit eines allen Menschen gemeinsamen Werks als göttliches Dekret. Vielleicht kommt die Moral der Geschichte in der These auf den Punkt, daß die Stadt scheitern muß, damit die Stammesgesellschaft leben kann. Dies würde passen zu der Vermutung von Alttestamentlern, daß der Text über Babel wie die gesamte Genesis nicht ältester jüdischer Tradition entspringt, sondern eine tendenziöse machtkritische Dichtung aus der Zeit der babylonischen Verschleppung im 6. Jahrhundert v. Chr. darstellt. Im übrigen kann man sich sehr gut eine gnostische Revision des Babel-Mythos vorstellen; vielleicht liegt im ägyptischen Sand noch ein Papyrus, verfaßt aus der

Perspektive einer zur Weltkritik erweiterten Stadtkritik, auf dem es heißt, Gott, der böse Weltbaumeister, habe nach der Zerstreuung seine Meinung geändert und die zerstreuten Völker wieder nach Babel zurückgeführt mit der Order, den Städtebau bis in die Postmoderne fortzusetzen. Die gnostische Einsicht in die Psyche der gefallenen Menschheit reicht weiter als die katholische Sündenlehre – denn es ist ein böser Gott erforderlich, um zu erkennen, daß die Demütigung des Menschen durch die Vielheit nicht so weit reichen kann wie die Demütigung durch das Projekt einer Wiedervereinigung.

Es gibt also – wie schon ein lakonischer Rückblick auf antike politikkritische Dokumente verdeutlicht – gute Gründe für die These, daß Menschen mindestens seit der Achsenzeit auf einer logischen Zeitbombe sitzen: auf dem inklusiven Gattungsbegriff nämlich, dessen Sprengkraft sich während der letzten zwei- oder dreitausend Jahre in Kettenzündungen entlud, besser bekannt unter den Titeln Weltgeschichte, Missionsgeschichte, Imperialismus. Der Begriff Menschheit verbirgt ein prozessierendes Paradoxon, das in die Form gebracht werden kann: wir gehören mit denen zusammen, mit denen wir nicht zusammengehören. (Man kann diesen Satz auch temporal fassen: je länger wir Erfahrungen mit denen machen, mit denen wir zusammengehören, desto schärfer tritt die Evidenz hervor, daß wir mit ihnen nicht zusammengehören können.) Seinen Wirkungen nach enthält dieser Satz zugleich ein Evangelium und eine Schreckensnachricht. Die Geschichte der politischen Ideen läßt sich als eine Serie von Versuchen lesen, das politische Gattungsparadoxon zu entschärfen. Darum geht es in der klassischen Politologie immer um die Eindämmung der Dramen, die aufbrechen müssen, wenn die Zusammengehörigkeitshorizonte von Gruppen und Völkern ins Imperiale und darüber hinaus ins Weltweite und Gattungshafte expandieren.

Mit Rücksicht auf diese Überlegungen ist es nicht erstaunlich, daß die Geschichte der politischen Ideen immer eine Geschichte von Zusammengehörigkeitsphantasmen gewesen ist – wobei der Ausdruck Phantasma hier nicht bildkritisch als bloßer Schein oder Trugbild zu lesen wäre, sondern im Sinn einer Theorie aktiver Einbildungskraft aufgefaßt werden soll als demiurgischer Wahn, als sich selber wahrmachende Idee und als operative Fiktion. Es läge hier nahe, an den vielversprechenden Begriff der Autopoiesis zu erinnern, mit dem Anhänger der unchristlichen Wissenschaft eine Schöpfung ohne Schöpfer endlich präzise denkbar machen wollen, doch verzichte ich aus Respekt vor der Strenge des Konzepts darauf, den Ausdruck essayistisch aufs Spiel zu setzen. Man kann es vorerst noch anders sagen: So wie seit Cocteau jeder Jugendliche weiß, daß Napoleon ein Verrückter war, der sich für Napoleon hielt, so sollten Politologen seit Castoriadis, Claessens und Luhmann wissen, daß Gesellschaften solange Gesellschaften sind, wie sie sich erfolgreich einbilden, Gesellschaften zu sein. Im folgenden untersuche ich drei Formationen von gesellschaftsbildenden Real-Einbildungen, die einigen

Hunderten, wenn nicht Tausenden von Menschengenerationen vor uns die Kunst des Zusammengehörens ermöglicht haben. Es sind dies drei Formationen, deren Nacheinander sich als ein Fortschritt der Realabstraktion darstellen läßt – gleichsam, als habe der Begriff der Menschheit Hunderttausende von Jahren wie ein Dschinn in der Flasche unterm Staub gewartet, bis endlich, in der Achsenzeit, die ersten Universalisten auftraten, die so leichtsinnig waren, den Korken herauszuziehen – mit Folgen, die seither den Theologen, Geschichtsphilosophen und Direktoren des Weltwährungsfonds zu denken geben. In drei Bildern will ich vorführen, wie aus dem krummen Holz der Urhordenmenschheit zuerst die alten Jäger- und Sammlerinnen-Populationen geschnitzt wurden; wie dann in agrokultureller Zeit die lokalen Imperien und Königsherrschaften darübergeschichtet wurden; und wie zuletzt im Industrialismus eine zur Entgrenzung tendierende Weltverkehrsgesellschaft dazu ansetzt, post-imperiale planetarische Verhältnisse zu schaffen. Ein Maler vom Fach würde sich dabei die Zeit nehmen, eine Art Drei-Stadien-Theorie der Gattungsgeschichte am Leitbild der Schiffahrts-Metaphorik vorzuführen. Nichts wäre naheliegender, als die erste Periode unter dem Symbol von Flößen darzustellen, auf denen kleine Menschengruppen durch riesenhafte Zeiträume driften; die zweite als Weltalter der Küstenschifffahrt mit Staats-Galeeren und Herrschaftsfregatten, aufgebrochen zu riskanten Fernzielen anhand einer Vision von Größe, die in der Heiligen Ordnung der Männer psychisch verankert ist; und die dritte als Ära der Super-

Fähren, die, fast unlenkbar vor Riesenhaftigkeit, durch ein Meer von Ertrinkenden hindurchziehen, mit tragischen Turbulenzen an den Schiffswänden und beklommenen Konferenzen an Bord über die Kunst des Möglichen. Dies alles gründlich ausgeführt, ergäbe ein welthistorisches Fresko von Hegelschen Formaten – sehr zum Verdruß derer, die erleichtert die These vernommen hatten, daß Große Erzählungen nicht mehr möglich seien. Was uns angeht, so werden wir uns damit begnügen müssen, die Stadien der Paläopolitik, der klassischen Politik und der Hyperpolitik mit äußerst groben Strichen anzudeuten. Hinzuzufügen bleibt, daß diese Skizze mit Hegels logischer Rekonstruktion der Welt- und Geistesgeschichte nur durch zwei dünne Fäden verbunden ist – durch die Vorliebe für die Zahl drei und durch das unverwüstliche Motto »um so schlimmer für die Tatsachen«.

1

Von Paläopolitik zu sprechen ist nur möglich, indem man von Anfang an ein Welt- und Geschichtsbild angreift, das die Angehörigen unserer kulturellen Hemisphäre mit einem verfälschten Kalender-Bewußtsein indoktriniert. Die offizielle Hochkultur-Ideologie in allen ihren Spielarten will uns glauben machen, daß die eigentliche Geschichte, die der Rede wert sei, nicht älter sei als vier- bis fünftausend Jahre und daß die wesentliche Gattung, zu der uns hinzuzurechnen wir geneigt sind, eben damals in Ägypten, Mesopotamien, China und Indien aus dem Nebel trat. Damals kommen Schreiber auf und Bildhauer, die uns zum ersten Mal sagen und zeigen, was der Mensch sei. *Ecce Pharao, ecce homo* – der Mensch ist nicht älter als die Hochkultur, die eigentliche Menschheit fängt erst auf der Höhe an. Vielleicht ist diese These nirgendwo in so nackter Form *expressis verbis* vertreten worden, der Sache nach aber ist sie überall am Werk, wo Humanisten, Theologen, Sozialkundler und Politologen das Wort nehmen, um kollektiv wirksame Bilder des Menschseins zu modellieren. Sie alle lassen »den Menschen« schon aus der Stadt oder aus dem Staat oder aus der Nation entspringen und vergessen nichts, was geeignet ist, den hochkulturellen Schein in den Köpfen der Kulturzöglinge zu fixieren. Demgegenüber kann man nie genug darauf beharren, wie falsch diese Indoktrination von jeher war und wie verhängnisvoll sie sich noch heute auswirkt. Die Fixierung auf die Hochkulturen ist das *proton pseudos*, Grundlüge und Hauptirrtum, nicht nur der Historie und der *humanities*, sondern auch der politischen Wissenschaften und der Psychologie. Sie zerstört, zumindest in letzter Folge, die Einheit der menschlichen Evolution und sprengt das gegenwärtige Bewußtsein ab von der Kette der zahllosen menschlichen Generationen, die unsere genetischen und kulturellen »Potentiale« erarbeitet haben. Sie verblendet die Sicht auf das Grundereignis, das aller Hochkultur vorausliegt und von dem alle sogenannten historischen Ereignisse nur spätere

Ableitungen sind – das Globalereignis: Anthropogenese. Der allgegenwärtige Hochkulturalismus verkürzt die Menschheitsgeschichte um über 95 Prozent, vielleicht sogar über 98 Prozent ihrer realen Dauer, um freie Hand zu haben für eine im höchsten Grad ideologische anthropologische Indoktrination – die klassisch und neuzeitlich verstandene Lehre vom Menschen als einem »politischen Lebewesen«. Deren Sinn ist es, den Menschen *a priori* als ein staatsbürgerliches Tier hinzustellen, das zu seiner Wesenserfüllung Hauptstädte, Bibliotheken, Kathedralen, Akademien und diplomatische Vertretungen braucht. Wo die Ideologie der Hochkultur sich etabliert hat, dort wiederholt sich an jedem Einzelnen die Ausstreichung der Vorgeschichte – als wäre jedes neue Individuum ein peinlicher Wilder, der so rasch wie möglich für das Leben in Staaten reif gemacht werden muß. Heben wir die Annullierung der Vorgeschichte auf, so bieten sich Einsichten in eine hunderttausendjährige Verfassung der Menschheit, von der erst seit kurzem bedenkliche Abweichungen aufgetreten sind – Abweichungen, deren Effekte sich zu dem summieren, was Lévi-Strauss als heiße Geschichte bezeichnet hat.

Für die Paläopolitik, deren Umriß hier in Andeutungen gezeichnet werden soll, ist es wesentlich, daß sie »den Menschen« nicht voraussetzt, sondern Menschen hervorbringt. Während Hochkulturen den Menschen immer schon als gegeben nehmen, um ihn für Arbeiten, Ämter und Missionen verwenden zu können, ist die Welt der Vorgeschichte durchzogen von dem Bewußtsein, daß die Kunst des Möglichen darin besteht, in einer kargen und riskanten Welt neue Menschen aus den vorhandenen älteren ins Leben zu rufen. Paläopolitik ist das Wunder der Wiederholung des Menschen durch den Menschen. Sie wird erworben und geübt inmitten einer Umwelt, die den Menschen die Kunst, sich in Kindern zu wiederholen, einigermaßen schwer machen zu wollen scheint.

Um die *essentials* der archaischen Gemeinwesen zu vergegenwärtigen, wird es nützlich sein, sich einige folgenreiche Züge des ursprünglichen Hordenlebens vor Augen zu bringen. Man stellt sich die alten Horden am besten als eine Art von schwimmenden Inseln vor, die auf den Flüssen der alten Natur spontan langsam dahintreiben – nach außen gegen die Umwelt abgesetzt durch die revolutionäre Evolution von Distanz-Techniken, vor allem durch die neuartige Synchronie von Flucht und Gegenangriff, nach innen hin von einem emotionalen Treibhauseffekt erfaßt, der die Mitglieder der Horde durch Rhythmik, Musik, Rituale, Eifersucht, Vigilanz-Überschüsse und Sprache zu einer Art von totaler psychosozialer Institution zusammenschweißt. Diese Gruppen können soziale Inseln heißen, weil sie tatsächlich wie beseelte Sphären aus ihren Umwelten herausgehoben sind, umgeben von einem unsichtbaren Distanzierungsring, der den Druck der Alten Natur von den Menschenkörpern fernhält; in dessen Schutz konnte der *homo sapiens* zu einem Wesen werden, das nach außen Konflikt vermeidet und nach innen hin luxuriert. Hier muß man schon auf sprachlicher Ebene versuchen, einem aus der Moderne ins Altertum zurückprojizierten individualistischen Schein vorzubeugen: »der Mensch« ist nicht ein Einzellebewesen, das zufällig dazu neigt, stets unter seinesgleichen zu sein, obwohl es im Grunde ein Robinson ist, der gut eine ganze Insel für sich brauchen könnte; als Hordenwesen sind Menschen zunächst und zumeist Teilhaber einer Wesens-Horde, die in gleichsam platonischer Sicht um eine Stufe »wirklicher« ist als ihre einzelnen Angehörigen. »Der Mensch« kann seiner Horde nicht beitreten wie einem sympathischen Club – vielmehr i s t die Horde ein totalitärer Club, der seine neuen Mitglieder selbst erzeugt, um sie in den Clubregeln, die die Welt bedeuten, zu »sozialisieren«. Das Gesetz der Horde ist die Wiederholung der Horde in ihrer eigenen Brut. Insofern hat Dieter Claessens mit seiner Metapher von der Horde als dem Brut-Kasten, in dem der *homo sapiens* entstanden sei, ein Denkbild geschaffen, das Begriff und Anschauung exakt vereinigt.* Brutkästen sind – um gleich die klassische aristotelische Metapher für den Säugetier-Uterus ins Spiel zu bringen – »Backöfen« für Embryonen; sie sind die Stätten der Verwandlung, wo aus dem Flüssigen das Feste, aus dem Unbestimmten das Bestimmte »heraus«gebacken wird. Was nun soziologisch ins Gewicht fällt, ist die Nuance, daß hier nicht nur von Ungeborenen im Mutterleib oder von Frühgeborenen in einem mechanischen Ersatzuterus

---

* Dieter Claessens, *Das Konkrete und das Abstrakte. Soziologische Skizzen zur Anthropologie*, Frankfurt 1985, S. 145 ff.

die Rede ist, sondern von »eingeborenen« altmensch-lichen Individuen, die erst und nur im brutfähigen Hordenkörper zu typischen Mitgliedern der Gattung herangebildet werden. Die Horde *toto genere* als Brut-kasten zu bezeichnen impliziert die These, daß frühe Gesellschaften ihren Schwerpunkt in die Kunst der Menschenbrütung setzen müssen, wenn sie ihre Grundaufgabe, die Wiederholung des Menschen durch den Menschen, erfolgreich weiterführen wol-len. Horden sind menschenbrütende Menschengrup-pen, die ihren Nachkommen über riesige Zeiträume hinweg immer riskantere luxurierende Qualitäten mitgeben. Keine Primatenhand konnte davon träu-men, einmal Chopin-Etüden zu spielen – in den Fin-gern von Glenn Gould oder Vladimir Horowitz kulminiert eine Evolution, die aus Pfoten Hände machte und aus Händen Zauberwerkzeuge für kom-plexeste Partituren. Wie weit die Folgen dieser Brut-kultur reichen, wird evident, wenn man die biologi-schen Sondermerkmale des *homo sapiens* insgesamt als Ergebnisse der hordeninternen Brutkasten-Evolution begreift. Schon hier fängt im Menschen eine Natur-geschichte der Unnatürlichkeit an, deren moderne Verlängerungen als ökologische und soziale »Ent-fremdungs«-krisen auf uns zurückfallen. In der Früh-geschichte geht es durchwegs um die revolutionäre Erbrütung von Gegennatürlichkeit in der Natur selbst – man könnte auch sagen, der Inhalt der ältesten Menschheitsgeschichte ist die Sezession der frühen Hordenwesen/Wesenshorden von der Alten Natur. Was wir leichthin als Vorgeschichte bezeichnen, ist ein

Hyperdrama, das im Stil einer Erfolgsgeschichte von Luxusevolutionen prozessiert. Im alten Hordenbrutkasten glückten die erstaunlichsten biologischen Experimente über die Menschenförmigkeit. In ihm, und nur in ihm konnte der *homo sapiens* zu dem biologischen Außenseiter werden, als der er heute mehr denn je auffällt. Auf den schwimmenden Inseln der alten Kleingruppen wurden die Menschenköpfe merkwürdig groß, die Häute merkwürdig dünn, die Frauen merkwürdig schön, die Beine merkwürdig lang, die Stimmen merkwürdig artikuliert, die Sexualität merkwürdig chronisch, die Kinder merkwürdig infantil, die eigenen Toten merkwürdig unvergeßlich.

Diese schwimmenden Sozialinseln – oder -flöße sind die Geburtsstätten von psychokulturellen Merkmalen, die eines Tages Weltfolgen zeitigen. Hier entsteht jene Empathie, die die Mitglieder derselben Horde füreinander gleichsam emotional durchsichtig macht; wenn Empathie sich spezialisiert und auf Unbekannte übertragen werden muß, so öffnet sich, vor allem in den folgenden Hochkulturen, ein Spielfeld für die Dramen, die Liebe heißen; hier entsteht auch jene Aufmerksamkeit für Mitmenschen und Umwelten, die sich im Zeitalter der Hochkulturen gabelt in theoretische Neugier und politische Alarmbereitschaft; hier sammeln sich jene Grunderfahrungen mit Gesten, Lebewesen und Sachen an, die später als Technik und als Weisheit weitergegeben werden können. Die luxurierende Human-Insel ist erfüllt von Geräuschen und Klängen, die man mit einem Ausdruck des kanadischen Komponisten Murray Schafers als die charakteristische *soundscape* einer Gruppe bezeichnen könnte – eine Klanglandschaft oder Sonosphäre, die ihre Mitglieder in sich zieht wie ins Innere einer psychoakustischen Weltkugel. In einer gewissen Hinsicht darf man den Existenzmodus der vorgeschichtlichen Gruppen als einen globalen bezeichnen – nicht weil die Menschen gewußt hätten, daß die Erde ein physischer Globus ist, *auf* dem sie allenthalben existieren könnten, sondern weil sie *in* einem psychischen Globus, einer Klangkugel existierten und überall dort, und nur dort überleben konnten, wo diese akustische *sphaira* sich intakt hielt. Die frühen Horden wie auch ihre stammeskulturellen Nachfolger sozialisieren ihre Mitglieder in einem psychosphärischen und sonosphärischen Kontinuum, in dem Dasein und Zusammengehören noch fast ununterscheidbare Größen sind. Die älteste Gesellschaft ist eine kleine plappernde Zauberkugel – ein unsichtbares Zirkuszelt, das über seiner Truppe ausgespannt ist und mit ihr wandert. Durch psychoakustische Nabelschnüre ist jedes Individuum mit dem Gruppenklangkörper mehr oder weniger kontinuierlich verbunden – und der Verlust dieses Kontinuums kam einer Katastrophe gleich; nicht umsonst verhängten manche ältere Kulturen die Verbannung als eine Art von psychosozialer Todesstrafe. Zusammengehören heißt tatsächlich zunächst nicht viel anderes, als sich zusammen hören – aber darin liegt bis zur Erfindung der Schriftkulturen und der Imperien das quintessentielle soziale Band. Hier begegnet uns der Ernstfall dessen, was das romantisch verdorbene deutsche Wort Muttersprache meinen könnte. Hordengeister sind Klangkörper, in welche die Mitglieder eingeschlossen sind wie in Echo-Höhlen. Der in sich selber schwingende, selbstaufmerksame Gruppenklangkörper bildet die früheste Form jener Sozialuterus-Konfigurationen, die zu allen Epochen der Menschheitsgeschichte den Effekt des Gemeinschafts-Innenraums hervorzubringen hatten. In Gesellschaft leben heißt darum immer schon auch teilnehmen an einem teils imaginären, teils psychoakustischen Schoß-Phantasma – der Vorstellung von einem Bergenden und Umgreifenden, das uns hören und zusammengehören läßt, so wie eine am Feuer murmelnde Mutter die im nahen Busch verstreute Großfamilie in ihrem friedlichen Bann hält. Diese älteste Ordnung des Zusammengehörens vermittelt die Kunst, Menschen in ein erweitertes gemeinsames Innen zu versetzen. Das mag für alte Horden in der Steppe gewiß nicht so schwierig sein wie für moderne Nationalstaaten und multikulturelle Hundertmillionengesellschaften. In Wald und Grasland wird durch die Differenz zwischen Gruppengeräusch und Weltgeräuschen eine erste unsichtbare Grenze zwischen dem Eigenen und dem Fremden festgelegt. Mit dem eigenen Reden, Plappern, Singen, Trommeln und Klatschen sichert die kleine Gruppe ihr akustisches Kontinuum und überzeugt sich selbst davon, daß diese Horde diese Horde ist. Erfahrene Sänger oder Sprecher mit weiterer Übersicht tragen das Ihre dazu bei, daß die psychosphärische Synchronisation der Horde bei Krisenstreß nicht zerfällt und der Welt-Effekt auch nach

Störungen sich wieder einstellt; Welten sind Felder, die sich in erfolgreichen kollektiven Autohypnosen stabilisieren; die Welt ist alles, was für die aufeinander eingestimmten Insulaner der Fall ist; Wahrheit ist, woran man von der Insel aus anknüpfen kann; was für die Insulaner nicht sein darf, wird nie gewesen sein.

Die Paläopolitik enthält die älteste Grammatik des Zusammengehörens. Sie typisiert gegensätzliche Rollen von Alt und Jung, Männlich und Weiblich und trifft Anordnungen für den Verkehr zwischen »Menschen« und »Fremden« sowie zwischen Lebenden und Toten, ja auch Lebenden und Ungeborenen. In der weltweiten Erfindung der Ahnenkulte bricht sich ein Universal des protometaphysischen Denkens Bahn – als wären allenthalben tote Ahnen diejenigen, die zuerst zu denken heißen – wie denn noch Heidegger lehrte, denken hieße (Toten, das sagte er nicht so deutlich) danken. Aber mehr noch geben von Anfang an die nachkommenden Menschenleben zu denken, in denen die Wesenshorde weiterlebt – woraus folgt, daß denken »im Grunde« ein Mäzenat zugunsten des künftigen Lebens ist. Mit der ausgesuchtesten Sorgfalt umgibt die Paläopolitik das empfindliche Innere des Brutkastens, und als dieses wurden überall – soweit unsere Kenntnisse gehen – die Mütter mit kleinen Kindern angesehen. In gewisser Hinsicht ist »Gesellschaft« nur ein psychophysischer »Mantel« um die Sphäre, in der Mütter und Kinder das Mysterium der menschlichen Beseelung wiederholen. Wollte man technisch reden, so müßte man sagen, daß das Mutter-

Kleinkind-Feld, neben der sichtbaren Feuerstelle, der inspirierende Fokus aller altmenschlichen Gruppen gewesen ist – und die Begünstigung des neuen Lebens ihre demiurgische »Idee«. Das verdächtige Perfekt »gewesen« soll nicht suggerieren, daß nun in historischer oder posthistorischer Zeit die altmenschlichen Brutkästen abgeschafft und andere Wege der Menschenzüchtung erfolgreich beschritten worden wären; »gewesen« mag hier nur daran erinnern, daß die Hochkulturen ihr Augenmerk von der Wiederholung des Menschen durch den Menschen abwenden, um vorrangig nach der Verwendung des Menschen durch den Menschen zu fragen – was unweigerlich zu traumatischen Einbrüchen in das ehemals meistgeschützte Feld führen muß. Man könnte geradezu sagen, daß alle »Geschichte« im engeren Sinn die Geschichte von Manipulationen am Mutter-Kind-Feld gewesen sei.*
Nach dem Gesagten versteht sich von selbst, daß im paläopolitischen Raum ein psychisches Matri»archat« besteht, das sich als Macht über die knappe Ressource Mutterliebe Geltung verschafft. Daß die Entdeckung des Tragischen kein Privileg der Hochkultur war – sowenig wie die des Jenseits und des ekstatischen Potentials –, sondern in der paläopolitischen Verwaltung

* Wo solche Manipulationen den Bogen des psychologisch Möglichen überspannen, dort sind die Brutbedingungen nicht mehr »gut genug«, Fehlbeseelungen und Entgeisterungen nehmen überhand; vgl. vom Verfasser, *Die gescheiterte Beseelung. Vorschläge zu einer Geschichtsphilosophie der Neurose*, Vortrag auf der 40. Jahrestagung der Deutschen Gesellschaft für Psychoanalyse, Göttingen 23. Mai 1993.

knapper Güter gründet, mag aus einer Erinnerung der japanischen Dichterin Yoko Tawada an eine Geschichte hervorgehen, die ihre Großmutter ihr erzählt hatte.

»Vor langer Zeit, als die Menschen in ihrem Dorf noch an bodenloser Armut litten, konnte es manchmal passieren, daß Frauen ihre eigenen Kinder, mit denen sie sonst verhungern hätten müssen, sofort nach der Geburt töteten. Für jedes getötete Kind wurde eine Kokeshi, das heißt Kind-verschwinden-lassen, hergestellt, damit die Menschen nie vergaßen, daß sie auf Kosten dieser Kinder überlebt hatten.«*

Yoko Tawada knüpft an diese Geschichte die Vermutung, daß die berühmte Matrjoschka, die Puppe in der Puppe, die im 19. Jahrhundert zum Lieblingsspielzeug der Russen wurde, eine Replik der japanischen Kokeshi gewesen sei. Verlangen wir von einer Gesellschaft, daß sie ein *opus commune* und eine steuernde Tätigkeit vorweisen soll, ehe wir ihr das Prädikat politisch zusprechen, so wären die alten Menschenhorden für den ersten Blick als radikal vorpolitisch zu charakterisieren, weil sie kein Werk außerhalb ihrer Selbstwiederholung und keine Steuerung neben dem stillen Driften in der Evolution erkennen lassen; sieht man jedoch näher zu, so ist eben auch die Kunst einer Menschengemeinschaft, sich in folgenden Generationen zu wiederholen, ein essentiell politisches Vorhaben, und die Drift des kleinen Sozialfloßes im

---

* Y. Tawada, *Wo Europa anfängt*, Tübingen 1991. S. 83f. Ich verdanke den Hinweis auf diese Stelle Thomas H. Macho.

Zeitenstrom hat schon Elemente von Steuerung in sich: wenn man das matriarchale Privileg der Kindstötung als eine Form von intuitiver Einwanderungspolitik versteht, die Heiratsordnungen als eine Art von Hordenaußenpolitik, die Jagdgebräuche als eine primäre Umweltpolitik. Paläopolitik ist die Kunst des Möglichen im Kleinen – die Kunst, sich klein zu halten, um des größten Gutes, des beseelten Lebens willen.

2

Wir werden sehen, wie klassische Politik entsteht aus dem Versuch, diese Kunst in größeren Verhältnissen zu wiederholen. Politik im herkömmlichen Verstande ist geboren aus der Nötigung, die Frage zu beantworten: wie kann eine Gruppe – oder soll man sagen ein soziales System – groß oder sehr groß werden und doch nicht sofort an der Aufgabe scheitern, das Große in die nächsten Generationen gehen zu lassen? Wie lassen sich tausend, zehntausend, hunderttausend Horden – im Format von »Großfamilien« zwischen 30 und 100 Mitgliedern – so zusammenschließen, daß ihnen Anstrengungen zugunsten eines gemeinsamen Werks, etwa als Beiträge zu Bewässerungsanlagen, Kreuzzügen und Wiedervereinigungs-Steuern, abverlangt werden können? Wie können so große Zahlen von Menschen so »besprochen« und eingeschworen werden, daß sie sich kraft eines Minimums an Gemeingeist als Angehörige jenes »Großen« empfinden – bis hin zu der Bereitschaft, in Armeen von Millionenstärke gegen andere Verbände gleicher Größenordnung in den Tod zu ziehen, um »eigenen« Nachkommen das zu sichern, was Ideologen die Zukunft nennen? Die Kunst des Möglichen im Großen kreist um den Kraftakt, das Unwahrscheinliche als das Unumgängliche darzustellen. Die politische Figur Imperium optiert für die Gottgewolltheit und Seinsgemäßheit des Schwierigen; sie läßt das fast Unmögliche als das Natürliche gelten. Die Medien dieser Kunst sind Kartographie und Schrift, ihr Genius das Viel-Völker-Bewußtsein. Daher lautet das Kernmotiv der klassischen Politik in allen ihren philosophisch-theologischen Explikationen: Zusammengehören im Großen. Das führt zu Holismus als Selbstbeschwörung der Großweltbewohner. Politik ist die Kunst, die Bänder oder Bindekräfte zu organisieren, die Großgruppen bis hin zu Millionenvölkern und darüber hinaus in eine Sphäre von Gemeinsamkeiten einspannen – sei es die schlechte Gemeinsamkeit des Leidens unter der Tyrannis oder die gute Gemeinsamkeit einer Kooperation der Tüchtigen in der Demokratie. Die ersten Gesten dieses instinktiven Holismus sind Versuche, den Kosmos als größeres Haus und die Völker als größere Familien zu beschreiben. Nun wird der Mensch das Tier, das zum Umzug in abstrakte Gehäuse verdammt ist. Weil es aber für Politik als Probewohnen im Großen keine Erfolgsgarantien gibt, sieht man schon früh neben den Stadt- und Staatsmenschen auch die Anderswohnenden sich bemerkbar machen: Eremiten, Mönche und Asketen treten auf, die mehr auf das Zusammengehören von Mensch und Sternenwelt, Mensch und Wüste, Mensch und Gott setzen als auf Verbindlichkeiten im politischen Haus. Tatsächlich gehören der *homo politicus* und der *homo metaphysicus* geschichtlich zusammen; Staatsucher und Gottsucher sind evolutionäre Zwillinge. Neben dem geographisch und demographisch Großen fordert nämlich auch das kosmologisch und metaphysisch Große seine Rechte. Sobald aber das Große überhaupt zu denken gibt, müssen politische Weltauslegungen und Seinslehren entstehen, die sagen, wie es um die Ordnung des Ganzen bestellt ist, welches ihre Störungen sind und welche Heilungen gegen dieselben zu Gebote stehen. Die griechische Philosophie ist in dieser Sicht das klarste vom Geist des Großen motivierte Institut unter allen Hochkulturen – ihre Mitspieler sind davon überzeugt, daß das beste Leben, zumal für Männer, darin bestehe, jeden Tag ein paar Worte mit Freunden über die großen Dinge, *ta megala*, auszutauschen. Unter griechischen Männern begann zur Zeit Heraklits und Platos ein hohes Spiel, das erregender ist als Großwildjagd und anspruchsvoller als mythologisches Theater: im philosophisch-politischen Gespräch zwischen den Staunenden, den Ahnungsvollen und den Kritischen beginnt das schöne Leiden an der Welt als Großproblem. Für Außenstehende mochte dieses Treiben lächerlich erscheinen, und von alters her warfen sie den Rednern über große Dinge vor, Megalomanen zu sein, die sich zu unpassend hohen Behauptungen versteigen. Megalomanisch ist der Mann, der sich in größte Angelegenheiten einmischt, um etwas zu haben, was er überfliegen und im Stich lassen wird. Wie aber soll man den nennen, den die großen Dinge, einmal begriffen, nicht mehr loslassen? Ich schlage vor: den Megalopathen. Tatsächlich ist die griechische Philosophie, ähnlich ihren chinesischen und indischen Gegenstücken, keine megalomanische Disziplin; ihre Sorge ist es gerade, den manischen Faktor älterer Weisheitspraktiken abzubauen, um in der Schule des Großen, das zu denken gibt, nüchtern zu werden. Mag sein, daß Alexander von Mazedonien eine manische Politik verfolgte, angetrieben vom Rausch abstrakter Quantität und verführt von der Idee, dem Riesenhaften des geographischen Raums im Osten durch militärische Taten und politische Stiftungen entsprechen zu können; er wollte das Große als Großer ausfüllen, gleichsam von einer manischen Selbst-Expansion angetrieben. Alexanders Lehrer Aristoteles hingegen war einer der ersten, die denkend über die Manie hinaus oder, besser, von ihr heruntergekommen waren, um die großen Dinge wie Sachgebiete in kühle gedankliche Routinen einzuarbeiten. Darum kann erst nach ihm davon die Rede sein, daß die Philosophie, als seelische Übung wie als Stil des Wissens, wirklich in der Polis etabliert ist. Sie verschafft sich von da an über fast zwei Jahrtausende hinweg Geltung als megalopathische Theorie einer megalopathischen Praxis – wie ein Kult oder eine Therapie für Größen-Patienten, sprich Polisbürger, für Beamte, Theologen und Staatsmenschen, die den politischen Weltraum in seiner neuen Weite zu spüren bekommen. Unter ihnen entsteht ein neuartiges psychisches Band – die Freundschaft, die jenseits der alten Familiaritäten aufblüht;* »Freunde« sind Männer, die sich auf ihren Wegen durch die Höhen und Tiefen des Großen ineinander einfühlen. Kosmische Kameradschaften können sogar Feinde wie Verwandte erscheinen lassen – Alexanders Wehmut angesichts des toten Perserkönigs Darius ist das klassische Denkmal für die neuen Einfühlungsverhältnisse zwischen den Pionieren im Großen. Solchen »Freunden« werden von einer neuen Klasse von Seins-Trainern Wege zum maßvollen Leben aufgezeigt; Maß ist, was zwischen dem falsch verkleinerten Haustierleben und dem Gotteswahn im Übergroßen vermittelt. Staatsmenschlichkeit ist seither die Suche nach der rechten Mitte – und seit der römischen Rezeption dieser griechischen Idee trägt diese Suche ihren bis heute bekannten Namen: Humanität. Wenn aber in der Stadt leben für sehr viele auch an der Stadt leiden heißt, so muß das Nachdenken über das Zusammensein in Städten *eo ipso* eine Theorie erzeugen, die das Leiden am Großen ontologisch, kosmologisch, eschatologisch deutet und rechtfertigt.** Auf ihrem

---

* Vgl. Horst Hutter, *Politics as Friendship, Greek and Roman Theories of Friendship in their Social Settings*, Wilfried Laurier Universitity Press 1978

** Daher kommt neben der »Freundschaft«, die gleichsam die Tagseite der Beziehungen zwischen erfolgreichen Männern in der Großwelt darstellt, die Barmherzigkeit oder die mildtätige Liebe (*caritas*) zum Vorschein – ein neuartiges Regulativ für Anteilnahme an den Schicksalen von Verlierern und für Milieubildungen auf der Nachtseite der Imperien; es gehörte wohl zu den Erfolgsgeheimnissen des frühen Christentums, daß es als *ecclesia oppressa* Einfühlung in die Verlierer und als *ecclesia triumphans* Einfühlung in die Sieger produzieren konnte.

pädagogischen Flügel wird Philosophie deswegen zur Initiationspraxis für junge Leute, die aus dem Häuslichen, dem Nachfolger des Hordenhaften, in die Stadt oder den Staat hinaustreten – daher die alte Rivalität und Konfusion mit den Rhetoren und Sophisten, die Billigformeln für Karrieren in der großen Welt anbieten.

Es scheint mir im Blick auf diese Überlegungen plausibel, die achsenzeitlichen Weltbilder – endlich Hochkultur! – als Durchbrüche zu den Größen-Routinen zu interpretieren, ohne die es kein Leben in Städten und Reichen geben kann. Im frühen Reichsdenken der Ägypter, Babylonier, Perser wie auch in der griechischen Polis-Philosophie wird eine neue Seelenform erarbeitet, die man als Staats-Athletik bezeichnen könnte. Staats-Athleten – das sind jene seit den östlichen und westlichen Antiken zum Teil namentlich bekannten Individuen, die das Zusammensein im Großen von Jugend auf wie ein mentales Gewichtheben üben, nicht in den Gymnasien und auf den Sportplätzen, sondern in philosophischen Akademien, auf Rednerschulen, in Fürstenräten, Priesterseminaren, Volksversammlungen und ähnlichem. Dasein im Staat – und »im Staat« heißt zunächst soviel wie an der Spitze des Gemeinwesens – bedingt eine asketische und athletische Existenzform, die die Individuen in Größen-Routinen einschleift wie politische Gladiatoren. Den *homo politicus* versteht man am besten als Zehnkämpfer für den Staat. Ihm liegt es nahe, dem Schicksal im Feld großer Aufgaben durch ein geeignetes psychisches Training entgegenzukommen.

Wie wird man Pharao, wie wird man *pontifex maximus*, wie wird man Raja, wie wird man Caesar? Wie Consul, wie Senator, wie Imperator? Wie muß einer leben, daß er als Fürst Metternich, als Lord Marlborough, als Graf Bismarck in die Geschichtsbücher eingeht? Welche Aufstiege führen ins Amt von Gouverneuren, Präsidenten, Kanzlern. Wie wird man Kardinal, wie deutscher Ordinarius für Philosophie? Ich weiß nicht, ob es sinnvoll wäre, eine gemeinsame Antwort auf diese Fragen in Erwägung zu ziehen – sollte es eine geben, so müßte sie lauten: alle diese Stellungsmuster sind nur durch megalo-athletische Konditionierungen zu erfüllen. Wer solche Stellungen erreicht, ist dorthin gekommen durch vielfache Abschiede von der Kindheit, durch langwierige Dressuren und Trainings, die das Subjekt aus seiner Familiarität herausbrechen und es solange härten, kräftigen, steigern, bis es auf der Höhe funktioniert. Was man heute »Schule« nennt, entstand ursprünglich als Exerzierplatz für die politische Metanoia; Umdenken von kleinen auf große Verhältnisse steht auf jedem Lehrplan, der in den Staat führt. Das reicht von frühen Formen der Fürstenerziehung in Stämmen und einfachen Königtümern bis zum athenischen und römischen Ämter-Training. »Der nicht geschundene Mensch wird nicht erzogen« – noch der Weimarer Minister Goethe fand es passend, diesen griechischen Grundsatz als Motto vor seine Memoiren zu stellen.

Erziehung, *Paideia*, tritt überhaupt erst explizit als Theorie der Aristokratendressur in der Stadt auf die ideengeschichtliche Bühne und fällt sofort durch einen grotesken hochkulturellen Akzent auf: was ausdrücklich gemachte Erziehung wirklich meint, verrät sich in Platos konstruktivistischer Idee, die Familien der Wächter zu zerschlagen, um die neue militärisch-philosophische Elite direkt mit der Ausbrütung neuer Generationen von Besten zu beauftragen. Platos Genie, symptomatische Gleichnisse zu schaffen, zeigt sich in diesem Detail der *Politeia* in höchster Prägnanz, denn er rührt treffsicher das Betriebsgeheimnis der Hochkulturen an – die Frage nämlich, wie man das Familien- und Hordentier *homo sapiens* zu einem *zoon politicon* abrichten könne. Der unvergeßliche Lehrsatz der platonisch-aristotelischen Zoologie zielt darauf ab, in kleinen Herden lebende Menschenwesen von vornherein aus dem Staat entstehen zu lassen, gleichsam als Ausgeburten eines einzigen politischen Schoßes, der Könige und Handwerker im selben Wurf hervorbringt. Wie also wird der Mensch als *politikós* möglich? Wie findet der beste Mann im Staat an seinen Platz? Geben wir zuerst die falsche Antwort – um die Notwendigkeit einer richtigen fühlbarer zu machen. Aus einer neuzeitlichen Plebejer-Perspektive, die von Staats-Athletik nichts begreift, lautet die Replik lapidar – Beaumarchais hat sie seinem Figaro in den Mund gelegt –: was hat der Herr Graf schon Großes getan? »Er hat sich die Mühe gegeben, geboren zu werden«. Damit ist der moderne Egalitarismus – als Grundsatz der Gleichheit des Menschen vor den physischen Gebärmüttern – etabliert. Platos Hellsicht jedoch reichte weiter als Figaros lose Rede, denn er statuiert, daß das

Hineingeborenwerden in eine Familie nicht genügt, um den Staatsmann hervorzubringen. Naturgemäß stammt jedes Kind von einer Mutter, aber nicht jede Mutter heißt Athen. Die Politik beginnt mit der seelischen Umgeburt von der physischen auf die metaphorische Mutter – der Staat selbst ist gleichsam der größere Schoß; er webt die imaginäre und psychoakustische Hülle, die sich als Gemeingeist über die ganze Polis legt. Die psychoakustische Zauberkugel der kleinen alten Horde muß nun als Weltkreis, als Kosmos reproduziert werden. Die politische Welt ist alles, was im Inneren des größten Kreises der Fall ist. Zur Welt kommen im Staat heißt also in jenen Hauptkreis eintreten, den man als großen Schoß, technischer gesprochen, als politische Sozialuterus-Konfiguration charakterisieren könnte. In ihm liegt die Antwort auf die Frage, wie man Hunderttausende oder Millionen in einem Gemeinsamen zusammenspielen lassen kann. Und Politik treiben heißt zunächst nichts anderes als Hegung dieser Schoßfigur. Daher erklärten sich Platos Aufmerksamkeit für die öffentliche Rolle der Musik und sein wacher Sinn für die Einschwörung aller Bürger auf ein Korpus gemeinsamer Götter- und Heldenmärchen. Bei seiner Suche nach den Regeln für den besten Staat denkt er sogar bis zu Reformprogrammen für Musik, Dichtkunst und Theologie, ja, er schreckt auch vor neuen Modellen eugenischer, radikal verstaatlichter Fortpflanzung nicht zurück. Mit einem erstaunlichen Grad logischer Freibeweglichkeit experimentiert er über Alternativen zur Menschenerzeugung – bis hin zu dem Punkt, wo das Prinzip der

Geburt des Menschen aus natürlichen Müttern ganz aufgegeben wird. Plato funktioniert matriarchale Mythen von der Geburt des Menschen aus der Erde für die Zwecke artifizieller, politischer Mütter um; an einer berüchtigten Stelle – bezeichnenderweise in dem Dialog vom Staatsmann – läßt er die Gattung aus einer alternativen Entstehung hervorgehen, gemäß der Doktrin, daß sich unter der Herrschaft der Kronos der Weltlauf im Gegensinn vollzogen habe, so daß damals die Sonne im Westen aufging und die Menschen als Greise fertig und erziehungsunbedürftig aus dem Schoß der Erde entstanden seien, um im Lauf ihres Lebens immer jünger zu werden und zuletzt in einem Frauenschoß, sprich einem Grab, als Föten zu versterben. Dies ergibt die Vision einer Erwachsenengesellschaft ohne Brutprobleme – das älteste *opus commune*, die Wiederholung des Menschen durch den Menschen, scheint wie durch ein Wunder übersprungen; nun können sich *a priori* Erwachsene sofort nach ihrer Entstehung aus der politischen Erde ungezwungen und gleichberechtigt auf der Agora treffen, um ein paar *logoi* über *ta megala* miteinander zu tauschen. Nicht immer geht Plato so sehr aufs Ganze, seine Klugheit weiß das freibewegliche Spiel der Analyse immer wieder an praktische Evidenzen zu binden. So etwa in der großartig zynischen Lehre von der staatstragenden noblen Lüge, die es einem Politikschöpfer erlaube, alle Mitglieder eines Gemeinwesens auf eine von allen geteilte süße und vorteilhafte Täuschung einzuschwören. Das dritte Buch der *Politeia* enthält einen der hellsten Momente in der Geschichte politischer Ideen; hier wird mit wahrhaft olympischer Jovialität – das Wort ist jetzt wie nirgend sonst am Platz – das Problem des Sichzusammenlügens extrem ungleicher Menschengruppen in einem höheren Ganzen ins Thema gehoben; Sokrates tritt mit einem gewagten »phrygischen Märchen« auf, von dem er sich staatsvereinigende Wirkungen besonderer Art verspricht. Der Mythos, den Sokrates wie hinter vorgehaltener Hand zum besten gibt, besagt, alle Mitglieder dieser Stadt, so ungleich sie erscheinen mögen, seien die Kinder derselben staatsmütterlichen Erde; diese habe aus ihrem Schoß Kinder mit einer Seele aus Gold, solche mit einer Seele aus Silber und schließlich auch solche aus Erz hervorgebracht. Dementsprechend zwar nach Mitgift und Wert verschieden, müßten die Bürger sich als Kinder derselben Mutter begreifen und sich über die Klassenschranken hinweg die geschuldete gegenseitige Liebe erweisen. Folglich ist der Vorrang der Einheit, aus imaginärer Blutsverwandtschaft, vor der Verschiedenheit, aus der Metallmitgift, durchgesetzt. Der Staat bleibt eine metaphorische große Mutter, die die Bürger unter das soziale Band der phantasierten Schoßgemeinschaft stellt. Eine solche politische Hyper-Horde wäre eine Großvariante von Sozial-Uterus-Konfiguration, indem sie aus vielen verstreuten Horden, Häusern, Familien und Clans eine totale Gruppe macht. Politik nach Plato bleibt somit immer bis zu einem gewissen Grad Fusions-Management oder Arbeit am imaginären Hyper-Uterus für politische Kinder. Wer könnte abstreiten, daß das phrygische Märchen ein würdiger Einstieg in die Problemlage war, die heute unter dem Titel *Corporate Identity-Policy* diskutiert wird?

Die Wahrheit über die von Plato und Aristoteles überdachte Weltform ist freilich, daß auch Stadt und Reich Figuren des agrarischen Zeitalters sind. Wenn Plato das Können des Politikers als Hirtenkunst in bezug auf zweibeinige ungefiederte Herdentiere definierte, dann wird deutlich, wie agrar-ontologische Motive bis in die Grundbestimmung des Wesens von Herrschaft in Städten vordrangen – Pflanzenwachstum und Tierzucht sind die Anschauungsreservoirs, aus denen politologische Reden ihre Plausibilität ziehen müssen, auch wenn der Blick vom Akademiegarten zur Agora hinübergeht. In einem bestimmten Sinn bleibt sogar Plato der Bauer von Athen – und wenn man in Heidegger den letzten Metaphysiker des alten Europa erkennen möchte, so nicht zuletzt deswegen, weil sein Denken bis ins Äußerste den Paradigmen einer bäuerlich erfahrenen Wachstums-Welt verbunden blieb. Außeragrarische Realmotive drangen vor allem aus den Werkstätten der Handwerker, namentlich der Schmiede, ins politisch-philosophische Weltbewußtsein vor, und aus den Häfen, von woher der Schiffsführer, griechisch *kybernetes*, zu einer suggestiven Macht-Figur werden konnte. Auch der Arzt steuerte etwas von seinem Profil bei für den Typus des herrscherlichen Staats-Experten – ihm fällt es zu, im politischen Krankenzimmer bittere Arzneien anzuordnen. Im Bild vom Staatsmann als Völkerchirurgen kommt der abstrakte und kontra-emotionale Zug der neuen politischen Kunst vielleicht am schärfsten zum Tragen – Politik ist, was den Ungeübten gegen das Gefühl geht. Man darf bei solchen Reden von *Polis* und *Politie* freilich nie vergessen, daß für die überwältigende Mehrheit der Menschen im agrarisch geprägten Zeitalter der klassischen Politik Größen wie Städte, Reiche, Caesaren und Hochsee-Galeeren ferne Mythen blieben – Gerüchte aus den Zentren der Macht und des Raffinements, so grandiose wie verfluchte Gebilde aus einer diesseitigen anderen Welt. Auch in der Ära der frühen Städte gehören die Mehrheiten dem Dorf, und kraft des Dorfes der wie auch immer deformiert weiterbestehenden Horde. Durch das gesamte agrarische Weltalter hindurch überleben Formen altmenschlicher Hordenwirklichkeit mit der Zähigkeit, die nur dem Grundlegenden, besser dem Grundgebenden von sich her zukommt. Daher reicht ein Kontinuum des Alten auch durch die sogenannten hochkulturellen Jahrtausende hindurch; in mancher Hinsicht könnte man sagen, daß dies die »Menschheit« vor sich selbst gerettet hat – wenn der Ausdruck »Menschheit« hier für den hochkulturellen Horizont der *Politien* und ihrer Universalismen stehen soll. Wenn es nach der »Menschheit« ginge, wären die Menschen längst durch Verschleiß ausgestorben. Seit je ist es das Risiko der Stadt, daß sie den Menschen mehr verbraucht als erzeugt; sie treibt ihn eher zu letzten Blüten an als zu einfachen Reproduktionen; sie ist im biologischen wie im kulturellen Sinn mehr Treibhaus als Acker und Garten. Es ist das altmenschliche vorpolitische und paläopolitische Kontinuum der Horden-Humanität, welches dafür gesorgt hat, daß trotz der gefährlichen Spiele der Hochkultur mit der »Erziehung« ein hinreichendes Maß an Menschen-Nachwuchs möglich blieb, wenn auch oft unter pathogenen Bedingungen und mit weitreichenden neurotischen Folgen.

Die Agenten klassischer hochkultureller Politik sind also die Staats-Athleten, die in einem existentiell umfassenden Größen-Training zum Aufenthalt in einer Welt großer und abstrakter Aussichten und Sorgen reif gemacht werden.* Man vergesse nicht, daß das, was hier unter dem ironischen, aber anerkennenden Titel politischer Athleten diskutiert wird, mindestens seit dem 19. Jahrhundert einen weniger schmeichelnden, doch korrekten Namen trägt: herrschende Klassen. Ich definiere, ohne auf nötige Abtönungen einzugehen, Herrschaft als die Macht oder das Vermögen, Menschen als Mittel zu benutzen. Die Staats-Athleten, als herrschende Klasse verstanden, sind daher nicht nur Märtyrer des Imperiums; sie sind es auch dann nicht, wenn man bei näherem Umgang mit Reichen und Mächtigen oft den Eindruck gewinnt, Selbstmitleid sei der Preis der Spitzenstellung. Gewiß haben Mächtige einen privilegierten Zugang zu höchsten Anstrengungen, aber es wäre larmoyant zu behaupten, daß sie allein wüßten, was Mühe ist; es ist

* Vgl. hierzu die aristotelischen Überlegungen über Hochsinnigkeit und Großgeartetheit des Bürgers im 4. Buch der *Nikomachischen Ethik*.

nicht wahr, daß sie allein die Last der großen Blicke und der langen Arbeitstage auf dem Palatin tragen, während die Volksmassen unten in der Vorstadt träumen, kopulieren und den Hund kraulen. Die Herrschenden sind, über die Nötigung zu einem Mindestmaß an physischer Fitneß hinaus, vor allem Athleten des Befehlen-Könnens. Sie bringen ihr Leben zu in einem permanenten Training des Arbeiten-Lassens, des Anordnens, des Entscheidens, des Beratens über strittige, ambivalente, eilige Problemmassen. Der psychopolitische Kern von Herrschaft könnte heißen: Härte weitergeben. Herrscher, Politiker und Chefs sind nach dieser Logik vor allem Schaltstellen einer funktionalen Grausamkeit – die freilich gut daran tun, sich unter Namen wie Staatsraison, Gemeinwohl, Gerechtigkeit, Planung u. ä. ein akzeptables, wenn möglich ehrliches Gesicht zu schaffen. Die Abstraktheit des Großen macht die Züge des Staats ernst; schon die Griechen redeten davon, daß Perikles nach seinem Amtsantritt nicht mehr gelacht haben soll. Wenn aber Politik immer auch ein System zur Verteilung der Grausamkeiten von einem Abstraktionszentrum (Regierung) aus bedeutet hat, dann dürfen wir für die Endabnehmer der grausamen Zustellungen Schlimmes fürchten. Ich spreche hier nicht von Armut, Dorfenge und Herrenlaunen, von Ausbeutung, Vergewaltigung und dergleichen, obwohl die hochkulturelle Literatur aus allen Weltgegenden realistische Litaneien hiervon überliefert hat. Worauf ich im Augenblick hinweisen möchte, ist die anthropologische Katastrophe der Hochkultur, die die Evolution des *homo sapiens* in eine Hochchancen-Linie und in eine Verelendungs-Linie spaltet. Die »Menschheit« bricht hier auseinander in Gruppen, die sich durch Anspannung steigern, und Gruppen, die im Leiden stagnieren; der Schmerz bekommt in der Hochkultur ein unheimliches Doppelgesicht; er wirkt bei den einen als Stimulator, bei den anderen als Verhinderer; für die wenigen wird die Not zum Erzieher, für die meisten zum Seelenvernichter. Wenn wir im Anschluß an Claessens sagten, die altmenschlichen Gruppen seien durch eine Art von Inselbildung aus der Alten Natur herausgehoben worden, so müßten wir jetzt, in Fortsetzung dieses Gedankens, feststellen, daß Menschengruppen, seit das Phänomen Herrschaft epidemisch wurde, damit begannen, andere Menschengruppen wie äußere Naturen zu bewirtschaften; nun folgt auf die Sezession von der Alten Natur auch eine Sezession des Menschen vom Menschen – wenn man so widersprüchlich formulieren darf; die Menschen kommen einander näher, indem sie einander fremder werden. Es verbindet sie jetzt die intime Fremdheit von Herr und Knecht. Klassengesellschaft ist nur ein anderer Name für diesen noch immer nicht zu Ende gedachten Sachverhalt. Das Paradoxon der exklusiven Inklusivität macht nun seine Kosten geltend; Menschen treten zur Jagd auf Menschen an, sie töten sie in großen Zahlen, sie löschen ganze Horden und Stämme aus, sie verkaufen und kaufen sie, sie benutzen sie als sexuelle Spielzeuge, sie richten sie ab zum Ausführen schwerer Arbeiten und machen ihnen die Weitergabe ihrer Sprachen, Mythen und Rituale an Nachwuchs, *prolem*, mehr oder weniger schwer, wenn nicht unmöglich. Das Ergebnis dieser Großtendenzen ist von anthropologischer Tragweite: während an der belasteten Basis der sogenannten Hochkulturen Kümmer-Zivilisationen entstehen, die sich auf ein Überleben in chronischem Elend einzurichten versuchen, läuft in den entlasteten Gruppen eine zweite Inselbildung an; in dieser geht der Grundstrom menschlicher Evolution, der Zug zu riskanteren und luxuriöseren Eigenschaften bei den neu erbrüteten Gruppenexemplaren, weiter und schwillt dramatisch augenfällig an. Darum haben wir in historischer Sicht wohl einen richtigen Eindruck, wenn es uns vorkommt, als werde in den frühen Hochkulturen mit einem Mal ein phantastisch breiter Fächer menschlicher Charakterfülle und Originalität aufgeschlagen. In der Vorgeschichte kommen uns die Kleingruppen und Völker »bunt« vor, in der Hochkultur die Individuen. Wo die Kunst, Menschen in Menschen zu wiederholen, unter hochkulturellen Begünstigungen erfolgreich weitergeht, dort tun sich fabelhafte Intensivierungsmöglichkeiten auf, Sonderbegabungen blühen, Neigungen, die in der Altwelt verhohlen geblieben wären, können dominant werden, neuartige Verfeinerungen finden ihre Nische. Im innersten Begünstigungs-Kreis bilden sich Biotope für Individualitäten, die sich in unerprobte Gelüste und unbetretene Welträume der Meditation und der Künste steigern. Nun treten Sponsoren hervor, die offen in das Seltene, das Aparte, das Hochgezüchtete investieren; ein römischer Patrizier lieferte den Namen für die typisch hochkulturelle Hegung des

Außerordentlichen: das Mäzenat. Als Institution der Förderung des Menschen durch den Menschen gehört dieses seither zu den Grundverhältnissen privilegierter Individualisierungen in der Klassengesellschaft. Wo die Begünstigten unter sich sind, entstehen Klimata für das Feinste vom Feinen. Joviale Blicke werden frei, um auf das Besondere, Momenthafte zu fallen; Schnittblumen schmücken die Nischen der Villen in der Campagna, Maler fertigen naturalistische Portraits der Lieblinge an, begabte Jünglinge spielen mit der Chromatik der Gefühle. Marc Aurel nimmt sich in seinen nächtlichen Aufzeichnungen Zeit dafür, über die paradoxe Schönheit des Unregelmäßigen nachzudenken, etwa über die Runzeln auf einer Löwenstirn oder über die Risse in der Kruste eines runden Brotes.*

Im Raumgefühl von Imperien und Reichen vollzieht sich gegenüber dem alten Leben auf dem sphärischen Gruppenfloß eine bemerkenswerte Verschiebung. Die Welt »globalisiert« sich auf neue Weise: was immer auch der Fall sein mag, es soll nun ins Innere einer heiligen Kugel, des Kosmos, fallen, in deren Zentrum ein herrschendes Prinzip, ein Gott oder eine weltweite Vernunft, regiert. Gott wird jetzt nur ein anderes Wort für umfassende Rundheit. Das monarchische Weltraumgefühl ist daher zentralspektivisch, panoptisch, sphärisch. Von einer Mitte her wird die Welt ausgezirkelt; sie ist in ontologischer Perspektive die un-

* Vgl. Pierre Hadot, *La citadelle intérieur*, Paris 1992, S. 185.

sichtbare Wesenheiten-Kugel, die sich um Gott, den überquellenden Einen, bildet, kosmologisch eine runde Lichtsphäre, politisch der Weltkreis um ein Herrschaftszentrum. Noch heute wird im päpstlichen Segen *urbi et orbi* die Raumauffassung ausgedrückt, die zur politischen Ontologie des römischen Imperialismus gehörte: von einer Mitte aus alles durchschauen und umspannen. In einem politisierten Weltraum dieses Typs werden sich *a priori* nur noch Individuen zu Hause fühlen können, die sich in seiner Mitte oder derselben nahe denken, d. h. Fürsten, Priester, Minister, Mitdenker der Macht und Angehörige des Hauptstadtbürgertums in Friedenszeiten. Seit jeher kennt klassische Politik, sofern sie metro-politisch ist, die Spannung zwischen Zentrum und Peripherie; je weiter weg vom Mittelpunkt, wo unterm Schutz von Machtvorteilen sinnliche und geistige Treibhauseffekte aufspringen, desto größer ist die Chance, daß kleine oder mittlere Größen im Räderwerk sich sperrig zeigen. Nur von der Peripherie aus kann das Nein zum Zentrum prinzipielle Form annehmen – nicht zufällig war das Christentum in dem national-religiösen Widerstandsnest Judäa entstanden, um sich von dort aus als reichs- und weltkritisches Ferment in der ganzen römischen Ökumene um das Mittelmeer auszubreiten. Daß die klassische Metro-Politik nun vom Rand her ihre Antithese findet und daß sich die Kirche zu einem Gegen-Imperium im Imperium entfalten konnte – das gehört zu den wichtigsten Lehrstücken über das Wesen des Politischen in seinem klassischen Zeitalter. Man muß den Katholizismus fast mehr als

Politologe denn als Theologe studieren, weil er nach der Auflösung der neueren formellen Imperien die einzige Institution ist, in der die klassische prinzipien-monarchische Politik fortbesteht; das römische Imperium überlebt durch die Kirche, die als Gegenprinzip zu ihm seine Kopie wurde.

Klassische Politik muß aus den angegebenen Gründen auch immer Psychagogik sein. Sollen verwendungs-fähige Menschen zur Verfügung stehen, so muß deren Hervorbringung wenigstens soweit planvoll betrieben werden, daß jeweils eine Auslese der neuen Generation für die Zwecke der politischen Älteren plastisch und effektiv wird. Darum ist Politik in ihrer klassischen Zeit untrennbar von einer doppelten Menschenproduktion; in der einen werden kraft der »Erziehung« in philosophischen Trainings sozusagen handgemachte hochindividualisierte Leistungsträger hergestellt, in der anderen werden lenkbare Menschenmassen fürs Grobe erzeugt. Die letztere knüpft an der alten bäuerlichen Neigung zum Kinderreichtum an. Zur Herstellung von Funktionären für den Staat ist vor allem die psychische Einpflanzung eines inneren Beamten vonnöten, der im Individuum den Staat und das Ganze exemplarisch vertritt. Wahrscheinlich ist das, was Freud das Über-Ich genannt hat, nicht älter als das Imperium, die Polis und deren Götter – kaum älter als der Monotheismus (oder eine äquivalente Formation von Obergöttern oder Hoch-Nichtsen vom Typus Nirvana), dessen Verinnerlichung von dem typischen Bild hochkultureller Individualität für uns kaum wegzudenken ist. Wo der *homo politicus* auftritt, dort werden Verfügbarkeit, Entsendbarkeit, Trennbarkeit von den Lieben zu entscheidenden Werten. Nur wer das Sichtrennen vom Nahen geübt hat, kann das Abstrakte repräsentieren. Der *homo politicus* ist der macht-darstellende, macht-vertretende Mensch. Er ist es, der gelernt haben muß, *im Namen* einer Macht zu sprechen. Machtwortsprache ist wesensmäßig repräsentierend, der Funktionär selbst ist Zeichen. Er muß daher psychisch dazu disponiert sein, sofern er nicht Monarch ist, den Einen (oder das Eine), von dem alle Gewalt ausgeht, *in absentia* so zu vertreten, als wäre »es selbst« gegenwärtig. Autorität emaniert in Vertretungen. Die Sprachlehre dieser politischen und metaphysischen Klassik hebt dementsprechend darauf ab, daß Machtworte und »Zentral«wahrheiten in alle »Fremdsprachen« übersetzbar sein müssen. Zudem haben die Peripherien die »Weltsprache« als Sprache des Zentrums zu erlernen. Hierfür sind exemplarische Sprachlehrer vonnöten – Lehrer, die sich dazu eignen, als lebende Exempel überethnischer Grund-Sätze aufzutreten. Auch darum spiegelt sich der Fortschritt der Staats-Psychologie in der Heraufkunft von Weisen und Heiligen, die ihr Leben – gleichsam als logische Monarchisten – auf die Eins wetten: auf das Allein-Seinkönnen mit dem Absoluten, das als Allesumgreifendes und Allgemeingültiges vorgestellt wird. Exilfähigkeit wird von solchen Individuen trainiert als Probe auf das Zufriedensein-Können in jeder Gemeinschaft, ja, im bloßen Zusammensein mit »allem« – unter Absehung von jedem wirklichen Mitmenschen, jenseits von Lieb und Unlieb. Paul Veyne hat in seiner Studie über Seneca den stoischen Weisen treffend als einen Soldaten des Kosmos charakterisiert.* Zu seinen Wesenszügen gehört eine etwas unmenschliche Fitneß, die die Hohlform von Einsatzbereitschaft schlechthin abgibt. Hier hat die Idee des Zölibats einen ihrer Ursprünge – es ist die funktionelle Ehe- und Familienlosigkeit der entsendbaren Funktionäre; die christlichen Apostel und ihre Nachfolger werden an diesem dienstfreudigen Exiltraining anknüpfen; etwas davon kommt bis heute bei Kapitänen, Diplomaten, Managern, entsandten Lehrern und anderen professionellen Vertretern zum Tragen. Im Blick auf solche Leute wird die Einsamkeit von Individuen deutlich, die auf ein Leben in der Hochleistungsklasse eingeschworen sind; der Staat fordert wie alles Große besondere Seelenopfer.** (Noch in den Vorbehalten Herbert Wehners gegen Willy Brandt war etwas vom Ressentiment des Funktionärs-Politikers gegen den unverhohlenen unpolitischen Lebenshunger seines charismatischen Kollegen am Werk.) Aus dem Geist dieses megalopathischen Einsamkeits-Trainings ist auch das bekannte Scherzwort des Exilanten Diogenes von Sinope gesprochen, sein Vaterland sei eigentlich der Kosmos. Dieser Ein-

---

* Vgl. Paul Veyne, *Weisheit und Altruismus. Eine Einführung in die Philosophie Senecas*, Frankfurt am Main 1993, bes. S. 164 ff.
** Auch Sportkulte sind aus einem quasipolitischen Leistungsklima zu deuten; die Champions sind apolitische Varianten von »Regierungen« – z. B. »Minister« für Diskuswurf oder Langlauf.

wohner des Ganzen, der sich eher bei den Planeten als bei den Athenern zu Hause fühlt, war der erste Athlet des Alleinlebens – er ist der Staatsmensch am Rand von allem, was Staat heißt. »Kosmosbürger« – seine Wortschöpfung geht heute durch die ganze Welt; was für ihn ein Witz war, ist für die Modernen Ernst geworden. Wer sich als *kosmopolites* bezeichnet, der ist bereits über die Stadt hinaus und rechnet mit einer Welt, in der das Zusammengehören in substantiellen Gemeinschaften überhaupt zu einem Ende kommen könnte. Ein witziger Stadtstreicher im alten Athen gab das Stichwort für den nach-politischen Individualismus Europas; was das meint, wird in der Gegenwart weithin sichtbar, da sich die Städte jetzt mit losen Einzelnen füllen, die, willig oder unwillig, zu niemandem gehören – bürgerliche Einsiedler, anhanglose Käuze, psychisch Verwaiste, arbeitswütige Büro-Eremiten, kosmische Singles. Man sollte die Hypothese prüfen, daß sich Politiker in der Moderne oft aus dem Reservoir dieser Abgekoppelten rekrutieren; sie wären demnach zumindest zum Teil mediale (man könnte sagen: halbvolle) Individuen, die sich einem völlig imaginären Volk nützlich machen wollen, als »gehörten« sie ihm zu.*

---

* Vgl. hierzu den Aufsatz von Thomas H. Macho, *Container der Aufmerksamkeit. Reflexionen über die Aufrichtigkeit in der Politik,* in: *Opfer der Macht. Müssen Politiker ehrlich sein?,* hg. von Peter Kemper, Frankfurt am Main und Leipzig 1993, S. 194-207.

Ein Großes kommt selten allein. Wenn es schon schwierig ist, Menschen zum Zusammengehören in einem staatlichen Gebilde zu überreden, so ist es noch schwieriger oder unmöglich, Städte und Reiche als Allein-Realitäten zu etablieren. Wo etwas politisch Großes den Kopf hebt, dort ist eine Gegengröße gewiß nicht weit. Aus der Konkurrenz der Großen um Größe entsprang die politische Pest der hochkulturellen Ära – der imperiale und interimperiale Krieg. An den Kriegen, den wahren Haupt- und Staatsaktionen, wurde für Menschen hochkultureller Zeit vor allem deutlich, was es bedeutet, mit zahllosen Volksangehörigen im selben Boot zu sitzen. Das Boot ist die imaginäre Gemeinschaft, die reales Blut vergießt.

3

Mit dem Anbruch des Industriezeitalters kommt Bewegung ins drei- oder viertausendjährige Reich der Reiche. Eine Welle von Literatur läuft an, die von nichts anderem redet als von Staat, Geselligkeit, Menschenbildung. Das alte Römerwort Republik beginnt wieder zu zirkulieren, es dient dem Bürgertum für die Umschreibung seiner Absicht, alles wie von vorne zu beginnen. Man denkt – nun wieder öfter in den Spuren der Griechen als denen der Römer – über die Assoziation von Menschen in Gemeinwesen nach und denkt dabei so gründlich wie Pedanten, die noch nicht wissen, daß sie Revolutionäre sein werden. Eine neue Diskussion über Kinderaufzucht setzt ein; der größte Dichter deutscher Sprache kann durch ein Drama über eine Kindsmörderin Weltruhm erlangen – es sind dies alles Symptome, die genügen müßten, um den Schluß auf einen Epochenbruch, ja einen Weltalter-Übergang nahezulegen. Bei Jean Paul, Heinrich Heine und zuletzt bei Nietzsche nimmt das neue Weltalter-Bewußtsein in dem Satz »Gott ist tot« programmatische Form an – ein Diktum, dessen Auslegung man fürs erste den Theologen und ihren Nachfolgern, den Psychotherapeuten, überlassen muß. Hier soll uns nur sein politischer Nebensinn interessieren. Es genügt zu wissen, daß erfolgreiche Epochalisierungen politische Sätze sind, weil sie den Status der Dinge in der Zeit re-interpretieren. In einer monotheistisch konditionierten Kultur Gott für tot zu erklären, impliziert eine Erschütterung aller Bezüge und die Ankündigung einer neuen Weltform. Mit »Gott« wird das Prinzip des Zusammengehörens aller Menschen in der Einheit einer geschaffenen Gattung ausgestrichen. Danach ergeben sogar die Jahreszahlen des Kalenders einen anderen Sinn. Es genügt künftig nicht mehr, sich *nach Christus* zu datieren – ein anderer Sinn von »nach« liegt in der Luft, auch für jene, die es schon zuvor mit den Jahren des Herrn nicht so genau genommen hatten. Ist der Sohn dahin, so hält sich auch der Vater nicht länger; sobald der Vater dem Sohn in den Tod gefolgt ist, stehen die Menschen als verwaiste Vielheiten in einer ungeheuren Weltlandschaft nebeneinander – zur Zeit in mehr als 190 Nationalstaaten gegliedert, in denen ca. 5100 Sprachen (nach engeren Zählungen 2000) gesprochen werden, rund sechs Milliarden Individuen an der Zahl – ohne gemeinsamen Namen und Nenner und im unklaren darüber, ob sich ohne gemeinsamen Schöpfer noch ein gemeinsames Werk wird definieren lassen. Postmodernität ist die Epoche »nach Gott« und nach den klassischen Imperien samt ihren lokalen Welteröffnungen. Immerhin hat die verwaiste Gattung versucht, ein anderes Prinzip des Zusammengehörens aller in einem neuzeitlichen Einheitshorizont zu formulieren – die Menschenrechte, wobei es kein Zufall ist, daß es Ex-Christen waren, die die Menschenrechte-Mission ursprünglich lancierten. Lassen wir den theologischen Code beiseite, so hat Nietzsche in der Sache von dem gesprochen, was unsere Zeit mit Hoffnung und Schrecken inspiriert; irgend etwas ist tot und kann nur schneller oder langsamer zerfallen, irgendwie aber schreiten Leben und Zivilisation voran und steigern sich in unbegriffene Neuheiten. Zwischen diesem Irgendwas und diesem Irgendwie liegt das, was im dritten Weltalter zu denken gibt.

Was das Irgendwas angeht, so schlage ich fürs erste vor, es als den Geist des agrarischen Weltalters zu interpretieren. Sofern Politik im klassischen Verstande die Kunst des Zusammengehörens in agrarzeitalterlichen Städten und Großreichen bedeutet hat, schlägt für sie mit dem »Tod Gottes« die kritische Stunde. Die Raumbegriffe des mittleren, von Bodenbearbeitungen geprägten Weltalters versagen vor dem neuen

Synchronweltraum, der sich schon zunehmend zu erkennen gibt. Die Mitspieler des neuen industriezeitalterlichen Weltspiels definieren sich nicht durch »Heimat« und Boden, sondern durch Zugänge zu Bahnhöfen, Terminals, Anschlußmöglichkeiten. Die Welt ist für sie eine vernetzte Hyperkugel. Wer in die Hochleistungsklasse der Hyperkugel-Akteure eintritt, bekommt es mit einer anderen Form des Übergangs ins Große zu tun – einer Form, die weder in Athen noch in Rom noch in den neu-europäischen Lyzeen und Gymnasien gelernt werden kann. Die industriezeitalterliche Großweltform führt den bekannten megalopathischen Streß in erweiterten Kreisen fort – nun aber sollen sich Leute auf der Straße Sorgen machen, die früher einem Außenminister angestanden hätten. Das muß früh anfangen; englische Schulkinder pflegen Brieffreundschaft mit Gleichaltrigen in Kenia, und kaum ein Individuum der Ersten Welt kann mittlere oder höhere Ausbildungen durchlaufen, ohne auf eine minimale Mehrsprachigkeit hin trainiert zu werden. Die Wirtschaft sorgt dafür, daß die neue Großweltlage durch den Magen geht. Obst aus Südafrika und Israel, Rindfleisch aus Argentinien gelangt durch die Verteilerkanäle multinationaler Nahrungs-Imperien in die Regale europäischer Supermärkte. Brüssel beschäftigt eine Kompanie von Terminologen zur Homologisierung europäischer Sprachstandards; aus den Zapfsäulen an deutschen Autobahnen fließt Benzin, das auf Ölen aus den Emiraten, aus Mexiko, aus Norwegen, aus Persien oder aus Nigeria basiert. Verteilungen, Verpackungen, Ver-

brennungen, Verdauungen schließen riesige Populationen über größte Entfernungen hinweg zu hybriden
Stoffwechselgemeinschaften zusammen. Das alles
kam mit der Gewalt des Unumgänglichen ins Dasein
und stöbert die Leute auf, die bereit sind, ihr Leben
mit der Ausführung von entsprechenden Jobs zu ver-
bringen. Im Planetarisierungs-Streß werden neue Seelenformen ausgehandelt, die ihre Formatierung zwischen manischen und depressiven Momenten ermit-
teln müssen. Die überlieferten mühevollen Synchro-
nisierungen von Seelenformen und Weltformen aus
der politischen Klassik reichen für das Dasein in der
Globalwelt nicht mehr aus. Aus den Megalomanien
von einst werden die Holomanien von heute; die megalopathische Klasse von gestern steht vor der Aufgabe, auf überzeugende Formen von Holopathie
umzurüsten. Der gute alte Kosmopolitismus verwandelt sich in ein kosmopathisches Nomadentum – die
Erde wird für die Angehörigen der Hyperzivilisation
zu einem Stadion, in dem die Umformatierung der
Seele auf die neue Synchronwelt geübt werden muß.
In diesem Kontext gewinnt der Welttourismus große
Bedeutung, weil er, zumindest für eine noch diffuse
holopathische Klasse, zu einem Medium des Selbst-
studiums in Sachen Globalität geworden ist.* Daß

---

* Dokumente für den Zusammenhang von Reisen und Groß-
welt-Training bieten in jüngster Zeit u. a.: Ian Buruma, *Der
Staub Gottes. Asiatische Nachforschungen*, Frankfurt am Main
1992; Gerhard Schweizer, *Touristen und Traumtänzer. Ein Rei-
sebuch*, Stuttgart 1992; V. S. Naipaul, *Im alten Süden*; sowie ders.,
Indien. Ein Land in Aufruhr, Köln 1992

aber die amtierenden Politiker so selten den Herausforderungen der neuen Lage gewachsen sind – intellektuell fast nie, moralisch gelegentlich, pragmatisch mehr schlecht als recht –, macht einen Teil des schärfer werdenden massenhaften Unbehagens an der politischen Klasse aus. Auch wenn man noch nicht im Detail anzugeben wüßte, was dieser oder jener Politiker anders machen sollte, so spürt doch jeder Beobachter des Treibens in modernen Hauptstädten, daß es nicht genug sein kann, wenn Volksvertreter mit einer Art von betriebsblinder Leistungsbereitschaft lange Arbeitstage in Kommissionen absitzen. Dieser Eindruck wäre schon kritisch genug, auch wenn Politiker in Buenos Aires und Rom ebenso wie in Bonn, München und Kiel nicht immer häufiger bei Betrug, Machtmißbrauch und Ungenauigkeiten ertappt würden.

Mir scheint, die gegenwärtige Gesellschaft kann bei den Ekelkrisen gegenüber ihren politischen Klassen im Augenblick nichts Besseres tun, als sich eine Denkpause für Grundlagenfragen zuzugestehen. Man muß Zeit gewinnen für eine Verfassungsdebatte, die in eine Weltform-Untersuchung übergeht. Vermutlich verbirgt sich in dem allgemeinen Kopfschütteln über die Unzulänglichkeiten der politischen Personale ein globales Unbehagen, das seine Form noch nicht gefunden hat – ich möchte geradezu auf Dämmerzustände einer weltweiten Bewußtwerdung über anthropologische Insuffizienzen wetten. Denn was den beunruhigten Zeitgenossen an so vielen Politikern ins

Auge springt – daß sie so selten auf der Höhe der globalen Herausforderungen scheinen –, das gilt mit größerem Recht für die Nichtpolitiker im selben Ausmaß. Man sollte erwägen, ob nicht die chronische Schelte gegen die politische Klasse die Projektion eines Unbehagens in der Weltkultur ist, das sich an der politischen Prominenz nur kristallisiert. An dieser wird ein neuer Typus von diskreter Obszönität sichtbar, die alle Betroffenen, Zuschauer wie Akteure, in eine gemeinsame Peinlichkeit taucht: die Überforderung auf offener Bühne, die Ratlosigkeit im öffentlichen Dienst, die Desorientierung in Führungspositionen, die Blässe im Rampenlicht. Bei uns sitzt die Ahnungslosigkeit in der ersten Reihe. Man sieht das politische Personal durch die Medien tollen und fühlt sich an die organisierte Unappetitlichkeit von Städteturnieren erinnert. Zwar gibt es noch da und dort überzeugende Megalopathen älteren Stils, hervorgehobene Persönlichkeiten von glaubhafter staatsathletischer Statur, aber ihr vereinzeltes Vorkommen kann die globale Disproportion zwischen den benötigten Kräften und den vorhandenen Schwächen nur relativieren, nicht beheben. Tatsächlich wissen wir nicht, welcher Menschentypus vonnöten wäre, um die Hohlräume zu füllen, und welche Trainings entwickelt werden müßten, damit die riesige Lücke zwischen der Globalweltform und den lokalen Psychen verkleinert würde. Die Staats-Athletik der Globalität ist noch ungeschrieben, und wenn es überhaupt Vorbereitungen auf dieselbe gibt, dann nur in Form von wilden Trainings und autodidaktischen Alleingängen.* Hier werden Bewußtseine gefordert, die sich im Abgrund des Gattungsparadoxons fest etablieren. Beruf: Politiker. Hauptwohnsitz: Unübersichtlichkeit. Programm: Zusammengehören mit denen, mit denen zusammenzugehören schwerfällt. Moral: Kleinarbeiten von Überforderungen. Leidenschaft: ein Verhältnis zum Unverhältnismäßigen haben. Werdegang: Selbstrekrutierung aus Einsicht, die sich in Initiative verwandelt. Solche »Politiker« müßten sich zunächst und vor allem als Athleten eines neuen Typs verstehen: als Athleten der Synchronwelt, als Hochleistungs-Seelen in Sachen Koexistenz. Wie koexistiere ich mit 1200 Millionen Chinesen? Auf diese Frage ist jede Antwort erlaubt, nur nicht mehr die alte Kleinwelt-Maxime: vergiß die Chinesen, vergiß überhaupt alle, die zu viele sind. Stefan Georges grandiose Phrase »Schon eure Zahl ist Frevel« formuliert die Versuchung, aus deren Überwindung die politischen Pan-Athleten von morgen entstehen.

* Sehr ernst zu nehmen ist die Bemerkung von Michail Gorbatschow bei seiner Rede in den Münchener Kammerspielen 1992, er habe zusammen mit seiner Frau Raissa in den 7 Jahren seines Amtes mehr durchgemacht als in einem ganzen Leben; Bill Clinton gab nach 100 Tagen im Präsidentenamt zu Protokoll, es komme ihm vor, als habe er 30 Jahre Schwerarbeit geleistet. Wollte man die Arbeitsbiographie des norwegischen Friedensforschers Johan Galtung schreiben, so käme man in die Lage, die Geschichte eines Privatmannes mit dem Reisepensum eines Außenministers, dem Denkpensum eines Nobelpreisträgers und dem Redepensum eines Apostels darstellen zu müssen.

Es liegt auf der Hand, daß in einer Zeit, in der die Form des Großen gewechselt wird, Zugehörigkeits-pathologien aller Art epidemisch werden. Schon die ältere Staats-Athletik bekam es oft mit den Grenzen ihrer Verallgemeinerbarkeit zu tun – die neuere Globo-Athletik wird dieselbe Erfahrung in gesteigerten Proportionen wiederholen. Ganze Epidemien von Widerständen aus den Peripherien, den Kleinräumen, den Privatsphären kündigen sich nicht erst seit heute unmißverständlich an. So wie es keine klassische Politik gab ohne den Widerstand der Stämme und Horden mitsamt einer Gegenwelt aus Anarchismen, Privatismen und Kindlichkeiten, so wird es auch keine Hyperpolitik geben ohne die Rache des Lokalen und des Individuellen. Große Regionen werden sich in latenten und manifesten Streiks abwenden von dem Weltform-Diktat des globalisierten Kapitals. Ebenso werden, wie längst zu erkennen, nennenswerte Teile der Bevölkerungen allem Politischen mit feindseliger Gleichgültigkeit den Rücken kehren. Man tut wohl gut daran, sich auf Jahrhundertgefechte zwischen den modernisierend-globalisierenden und konservierend-kontrahierenden Weltgegenden und Charakteren ein-zustellen. Das Motiv »konservative Revolution«, das vor zwei, drei Generationen in den katholisierenden Widerstandsbewegungen in Mittel- und Südeuropa erprobt wurde, hat vermutlich eine große interkultu-relle Karriere vor sich – unter religiösem, kulturali-stischem, regionalistischem Vorzeichen. In der Welt ohne Form und der Gesellschaft ohne Identität wer-den Rückgriffe, Renaissancen und Rückbesinnungen auf alte Bestände massenhaft angezettelt. Ethnische Säuberungen mit völkermörderischen Zuspitzungen werden die Heftigkeit der Schreie nach Abhilfe gegen den Verlust der politischen Form in vielen Weltgegenden spürbar machen.

Mit voranschreitender Globalisierung beginnen die letzten Ganzheiten des spätklassischen Politik-Kontinuums zu zerplatzen, die Menschen im neuzeitlichen Großen zusammengehalten hatten; die quasi-religiösen nationalstaatlichen Identitäten, die seit dem 19. Jahrhundert die politischen Lebensformen Europas, später der ganzen Welt geprägt haben. So künstlich und unwahrscheinlich diese selbst in ihren »besten Zeiten« gewesen sein mögen, so sehr führt doch ihr unvorbereiteter Ausfall unter Umständen mörderische Deregulierungen herbei. Aus den verwüsteten imaginären Sozial-Uterus-Konstruktionen stürzen Unzählige in nach-politische Paniken* und diffuse Verwahrlosungen ab, für die der Sammelname Postmodernität noch der zivilisierte Ausdruck ist. Dasselbe Phänomen kann im unteren Drittel der reichen Nationen wie in fast allen Schichten der armen auftreten. Beim Weltformwechsel erleben sich mit einem Male große Zahlen von Individuen und Familien als von allen guten politischen Geistern verlassen. Die Einschwörung der Vielen auf eine zusammenhängende Großform gerät zum Meineid oder zu einer schei-

* Vgl. Jean-Pierre Dupuy, *La panique*, Paris 1991; Hermann Broch, *Massenwahntheorie*, Frankfurt am Main 1979.

ternden Hypnose. Im schlimmsten Fall glaubt kein Mitglied einer Gesellschaft mehr im Ernst, daß diese Gesellschaft die seine sei. Eine Vorahnung von diesen schlimmsten Möglichkeiten liegt heute gerade in der reichen westlichen Hemisphäre in der Luft. Auch das Krause-Syndrom gehört hierzu – Selbstbedienung als Vorbote der Anarchie. Man mag dies systemisch deuten als einen Effekt, der notwendigerweise auftritt, wenn der postmoderne Geist der Bodenlosigkeit das politische Feld erfaßt. Der Staat wird eine Sandburg, der Absentismus frißt sich in alle solide scheinenden Strukturen hinein, die sozialen Bänder schleifen im Leeren – das Zeitalter »ohne Synthese«, von dem Robert Musil einst sprach, beginnt seine Forderungen zu erklären. Wenn nicht das westliche Wohlfahrts-System als Hilfs-Sozial-Uterus sich durch eine gewisse Funktionstüchtigkeit Anerkennung verschafft hätte, würde die Abwesenheit eines evidenten gemeinsamen Werks die Großgesellschaften industriezeitalterlichen Typs im Nu zerbröckeln lassen. Das aktuelle Ringen um Europa nach Maastricht macht erkennbar, wie die Reise in die zeitgemäße Hyperpolitik von den Zeitgenossen erlebt wird – als überschnelle Fahrt in ein Konfusions-Imperium, in dem man vor lauter Behörden den Staat nicht mehr sieht. Politik erscheint wie das Äquivalent zu einem chronischen Beinahe-Massen-Auffahrunfall auf einer nebeltrüben Autobahn. Von einer Lust am Zusammengehören kann in einer solchen Lage nicht die Rede sein. Das neue Große steigt nun hinter dem Horizont auf als die Monster-Internationale der Endverbraucher. Schärfer noch als im Zeitalter der klassischen Politik manifestiert sich angesichts dieser hyperpolitischen Groß-Einheiten eine schreckliche Wahrheit: daß das Kleingruppentier *homo sapiens* von der Hochkultur überfordert ist, sofern es ihm nicht gelingt, symbolische und emotionale Prothesen für Bewegungen in Großräumen zu erzeugen. Wenn die Prothesen-Produktion stockt, so verlieren die politischen Klassen ganzer Länder ihre Geschäfts- und Verkehrsfähigkeit. Gesellschaften, die eben noch wie halbwegs integrierte Zivilisationen aussahen, können nach dem Verlust ihrer imaginären politischen Prothesen zu neurotischen Stämmen regredieren.

Im serbisch-kroatisch-bosnischen Krieg etwa kommt ein Zug wieder zum Vorschein, der schon an der spätantiken Reichs-Randstaatenpolitik aufgefallen war – und der nach Franz Borkenau ein Grundrisiko der sozialen Evolution auf der Stufe der Volksentstehungen darstellt*: wir werden unverhoffte Zeugen einer

---

* Borkenau war der Meinung, daß die Hochreligionen und die universalistischen Weltbilder entstanden, um die in solchen Übergängen aufbrechenden Epidemien von Todesparanoia einzudämmen: Jeder Tod würde zunächst spontan als das Werk von bösen Fremden, d. h. externen Geistern aufgefaßt, denen unversöhnliche Feindschaft unterstellt wird; es sei die spirituelle Leistung der hochkulturellen Weltbilder gewesen, durch nichtparanoide Deutungen des Todes neue Befriedungen der Seele und entsprechende *artes moriendi* hervorzubringen. Vgl. Franz Borkenau, *Ende und Anfang. Von den Generationen der Hochkulturen und von der Entstehung des Abendlandes*, Stuttgart 1984.

ethnischen und nachbarschaftlichen Paranoia, die nur mit dem Prädikat merowingisch zu charakterisieren ist. Wo sie die Oberhand gewinnt, zerreißt das soziale Band selbst unter alten Bekannten, fast jeder, so scheint es, könnte zu fast jedermanns Mörder werden. Dergleichen zeugt vom Einbruch des Schlimmsten in die sozialen Konfigurationen, die ihre Form nicht haben halten oder finden können. Nach dem Ausfall ihrer bisherigen Verfassung sind diese Gruppen plötzlich einem brutalen Außenweltstreß ausgesetzt, auf den sie weder psychisch noch institutionell vorbereitet waren. So schien gewissen politischen Führern des ehemaligen Jugoslawien nur die Regression nach vorne übrigzubleiben; das Massaker erbringt für sie den wie auch immer imaginären und unhaltbaren Gewinn, daß Krieg die ethnische Fusion der Individuen hervorruft; psychodynamisch entspricht die völkische Fusion einer Art von Banden-Enthusiasmus, für den es inzwischen auch neudeutsche Beispiele gibt. Der von dem Ethnologen Hans Peter Duerr zitierte Fall, daß serbische Soldaten bosnischen Schwangeren den Leib aufschlitzten und die Föten an Bäume nagelten, zeigt die delirante Pointe der Tendenz, sich ins völkische Eigene, das »Unsere«, wie in eine plötzlich lebenswichtige, haltgebende Innenform einzuschmelzen. In dem grausamen Akt scheint die Quintessenz des Konflikts wie überbelichtet auf. Nach der Zerstörung der staatssozialistischen Sozialuterus-Konfiguration Jugoslawien suchen gewisse Restgruppen Halt in älteren und »reinen« Grenzen; die »Serbität« – so chimärisch sie letztlich sein mag – wird für die Dauer der Krise zum Allerrealsten. Die ihrer eigenen Deutung zufolge am meisten benachteiligte Gruppe, die liegengelassene und abgetriebene Volksgruppe der Serben, suchte im mutwilligen Krieg den Durchbruch aus der Verbitterung in die Ekstase. Aus solchen hysterisierten Gemeinschaften treten nicht selten mediale Einzelne nach vorn, die das kollektive Phantasma in exemplarischen Taten agieren. Ist nicht der Fötus am Nagel die Selbstdarstellung einer Nation in Abtreibungspanik?

Die großen Deregulierungen auf dem Balkan (wie jene in den kaukasischen Republiken, in Afrika und vielen anderen Krisenzonen) als Folgen von politischem Großwelt-Streß zu interpretieren, heißt schon kraft der Deutung selbst nach Formen des Streß-Abbaus in politischer Perspektive fragen. Damit will ich nicht eine Kurklinik im Grünen für überforderte Mitglieder der politischen Klasse in Vorschlag bringen, sondern eine Grundlagenreflexion anregen, die sich um die Voraussetzungen für die politische Therapie von nationalen Weltformpsychosen kümmert.* Die Kriegsgeschichte der Menschheit zeigt sich unter ei-

---

* Im Anschluß an Arbeiten und Impulse von Mahatma Gandhi, Hermann Broch, Lloyd de Mause, Joahn Galtung, Franz Borkenau u. a. wäre zu fragen nach dem Funktionieren von Kollektivwahnsystemen in Vergangenheit und Gegenwart, in Latenz und Manifestation; eine elaborierte politische Psychopathologie hätte die Aufgabe, den Zusammenhang zwischen psychischen Krisen und Weltformwechseln anhand historischer Fallstudien zu entwickeln.

nem veränderten Licht, wenn man gewisse Kriege oder Kriegstypen mit den Krisen von Weltform-Wechseln im großen in Verbindung bringt. Der geschichtliche Augenschein lehrt jeden Beobachter, daß es Menschengruppen in den Pionierregionen während der letzten drei- oder viertausend Jahre gelungen sein muß, auf ihren alten Flößen so zu driften, daß Floß-verbände in großem Stil entstehen konnten. Damit wurde das tribale Niveau der Entwicklung erreicht. Stämme und Stammesverbände, das heißt Völker, sind Hyper-Horden oder besser Horden-Integrale, die durch das zusammengehalten werden, was man mit dem so gedankenarmen und doch so bedeutungs-schweren Terminus Kultur umschreibt. Daher sind Kulturen *per se* politische Größen – Medien für die Kunst des Unwahrscheinlichen und doch Möglichen, über den Hordenfloß-Verbänden Superstrukturen zu errichten. Es läge nahe, Kulturen mit Stoff-Imprä-gnierungen zu vergleichen oder mit Stimmgabeln, die zur Abstimmung verschiedener Instrumente auf den-selben Grundton verwendet werden. Am ehesten könnte man Kultur umschreiben als einen Set von Kammertönen, die Populationen zum Zusammenge-hören und Miteinanderspielen vorstimmen. Sprachen stehen im Zentrum der Kulturen, sofern sie ihre Spre-cher in gemeinsame Weltspiele einführen. Weil Zusammengehören ein Synonym für Lebenschancen-bewahrung ist, sind Verstimmungen in den Ethno-Klangkörpern von vorneherein gefahren- und ge-waltträchtig. Kultur, als Aufgabe verstanden, schließt Bemühungen um die Erhaltung des ethnischen Kontinuums ein – vor allem eben durch die Sprachen in ihren prosodischen und performativen Komponenten. Hieraus kann der Anschein entstehen, es wären Volkskontinuum und Sprachkontinuum ein und dasselbe (sie sind es nicht). Die Wiederholung des Menschen durch den Menschen, die über alle Zeiten hinweg vor allem eine Sache der Horden und ihrer formellen oder informellen Nachfolge-Gebilde in Hochkulturzeiten bleiben muß, wird von den Völkern der Neuzeit zunehmend als eine Volksangelegenheit mißverstanden – die volksgebundene Kultur prägt sich als der anscheinend stärkste Stempel, Typus, in die Einzelphysiognomien ein; typisch deutsch, typisch jüdisch, typisch russisch: mit solchen Charakterisierungen erschleichen sich die Völker und mehr noch die Nationen das Privileg des Lebensspenders und Hervorbringers. In ihrem Zerfall zeigt sich aber, daß die Superstrukturen den Einzelnen bei ihren Bemühungen, das Leben fortzusetzen, so gut wie nichts zu geben haben. Vielmehr wird dann erkennbar: sobald das *opus commune* auf höherer Ebene zerfällt, können Menschen sich nur aus kleineren Einheiten regenerieren.

Dies gehört zu den Lektionen, die aus der größten Natur- und Sozialkatastrophe Europas, der schwarzen Pest in der Mitte des 14. Jahrhunderts, zu ziehen sind. Giovanni Boccaccio ist der Dichter, der das Theorem vom Überleben in der kleinen Gemeinschaft inmitten des Desasters der großen für die Europäer unvergeßlich gemacht hat. Der *Decamerone* läßt sich noch heute lesen als Lehrstück über den Zusammenhang von regenerativer Heiterkeit und kleiner Politik. Nachdem in Florenz die Pest ausgebrochen war, sah man in kurzer Zeit alle bürgerlichen und menschlichen Bande zwischen den Individuen zerfallen, als ob eine psychische Pest die physische überlagert hätte.* Der Aufenthalt in der agonisierenden Stadt wird für die Überlebenden zum Alptraum. Weil die Florentiner kaum noch wissen, ob sie sich mehr vor Ansteckung oder Plünderung oder Verhungern fürchten müssen, verfallen sie in eine Desorientierung, die einer Paralyse gleicht. In der Stadt, die ihr gemeinsames Werk verloren hat, weil sie das gute Leben der Bürger nicht mehr schützt, ist mit einem Male alles vergeblich und alles erlaubt. Atomisierte Angstsubjekte kauern in ihren Häusern oder schlagen auf der Straße los. In dieser Situation ergreift eine junge Frau die Initiative, sie überredet sechs von ihren Freundinnen und drei junge Männer, sich gemeinsam auf ein Landgut vor den Toren der Stadt zurückzuziehen, um sich selbst zu

---

* In seinem Roman *Eine Messe für die Stadt Arras* hat Andrzej Szczypiorski eine nordeuropäische Variante der großen Krise dargestellt; die Seuche nimmt bei ihm ebenso psychologische wie politische Dimensionen an; der Schweizer Psychologe Franz Renggli hat in seinem Buch *Selbstzerstörung aus Verlassenheit* 1993 die Hypothese entwickelt, daß die große Pest, mit der »unsere Geschichte«, d. h. das neuzeitliche Schreckenskontinuum beginnt, auch psychosozial mitgeprägt war; die frühneuzeitlichen Verwüstungen der Mutter-Kind-Beziehungen hätten demnach eine Art kollektiver psychosomatischer Immunschwäche hervorgerufen, die mit dem Pestvirus zu einer katastrophalen Synergie habe führen können.

bewahren und bis zum Ende der Plage in Heiterkeit und Menschlichkeit auszuharren. So kommt es zu dem denkwürdigen Arrangement, das den Rahmen von Boccaccios Zehnmalzehngeschichten-Buch bereitstellt. In diesem Grundwerk des Humanismus ist Frivolität in den Dienst der ernsthaftesten Dinge getreten.* Scheherazade hatte um ihr eigenes Leben erzählt; die jungen Florentiner, die sich um die anmutige Pampinea geschart haben, erzählen um die Möglichkeit des Zusammengehörens von Menschen nach dem Zerfall der politischen Form. Sie inkarnieren die entscheidende Lektion aller neuzeitlichen Wissenschaften vom Menschen: Brechen die großen Ordnungen entzwei, so kann die Kunst des Zusammengehörens nur aus den kleinen Ordnungen neu beginnen. Die Regeneration des Menschen durch den Menschen setzt einen Raum voraus, in dem durch Zusammensein eine Welt aufgeht. In den eutonischen Plaudereien der zehn Flüchtlinge ist der ganze Sozialkosmos des 14. Jahrhunderts aufbewahrt. Dies geschieht bei Boccaccio gewiß unter privilegierten Bedingungen – denn seine Rettung der Humanität in der hochkulturellen Kleingruppe setzt voraus: eine kühle große Villa in der Toscana, Einzelzimmer für alle Beteiligten, Arbeitsfreiheit der jungen Leute und willige Diener, die mit ihren Handreichungen die

* In welcher Höhenlage Boccaccios poetische Rettung der Humanität angesiedelt werden muß, hat Kurt Flasch in seinem schönen Kommentar zu der Einleitung und den ersten vier Erzählungen des *Decamerone* dargelegt: K. Flasch, *Poesie nach der Pest. Der Anfang des Decameron*, Mainz 1992.

Idylle schützen, alles durchwoben von den Umgangs-
formen urbaner Jungpatrizier, die sich an Musik und
galanten Reden erfreuen. Spielte die Szene im 18.
Jahrhundert, so könnte man sie für einen Salon halten,
im 19. Jahrhundert, für eine Siedlung von Bohemiens
und Lebensreformern, im 20. Jahrhundert, für eine
Landkommune oder ein Meditations-Retreat. In ihr
läßt sich die Wiedergeburt der menschen-ermögli-
chenden Urhorden auf der Höhe der jeweiligen zivi-
lisatorischen Verwöhnungen erkennen. Es sind typische Gebilde jener zweiten Insulations-Welle, in der
die Begünstigung des Menschen durch den Menschen
die bemerkenswertesten Blüten hervortrieb. An ihren
Spuren lesen Erben von Humanitätstraditionen auch
heute noch Maßstäbe des Menschenmöglichen ab: das
Wort Blüte meint die geschichtlichen Glücksmomen-
te, in denen Geselligkeit und Verfeinerung einander
bedingten.

Wenige Generationen vor Boccaccio hatte Dante in
seiner Schrift *De monarchia* die Idee entwickelt, daß
das Kaisertum eine zum Heil der Menschheit notwen-
dige Institution sei; das Reich braucht, um sich in
Form zu halten, eine pantokratorische Synthese von
oben in einer einzigen von Gott inthronisierten Figur,
dem Monarchen. Vielleicht darf man unterstellen, daß
diese Lehre die Imperative des politisch Vernünftigen
in ihrer Zeit auf den Begriff brachte; sie folgte der
Logik der Stufensysteme, die sich die Ordnung von
Großreichen nur durch ihre pyramidale Einung in
einem höchsten herrschenden Punkt vorstellen konn-

te; ihr Leitbild ist die heilige Rangordnung, die Hierarchie, ohne die bis in die jüngste Zeit keine Gliederung großer politischer oder betrieblicher Ensembles zu denken war. Das gesamte Gemeinwesen erscheint in dieser Sicht wie ein riesiger Menschenkörper, der von seinem Kopf regiert wird. Politische Theorie wird im Blick auf diese Gestalt von selbst Titanenkunde oder Monstren-Lehre, Wissenschaft von dem Unmenschlichen, Übermenschlichen, das aus Menschen zusammengesetzt ist; das Hauptwerk des Thomas Hobbes macht diesen Zug vollendet explizit. Wenn große Politik selbst das Reich des Monströsen sein muß, so ist politische Erziehung in letzter Konsequenz *Monstrenwelt*. Boccaccio hingegen hatte in seiner informellen Politik das Gegenmotiv – das Heil des Menschen aus der weltoffenen Kleingruppenhumanität – entwickelt. Zwischen diesen beiden Polen wird seit dem europäischen Spätmittelalter die Frage nach der Wahrheit in der Politik gestellt. Wie muß der Staat beschaffen sein, damit er Menschenleben in guter Kleinräumigkeit ermöglicht – wie müssen Menschen hergerichtet werden, damit sie die größte Staatlichkeit ertragen und gestalten? Man kann behaupten, daß die Politik, mehr noch das politische Denken der Neuzeit, insbesondere seit dem 19. Jahrhundert sich zu einem Duell zwischen den beiden Einungsmotiven zuspitzte. Ferdinand Tönnies hat die Antithese Gemeinschaft gegen Gesellschaft zu einem ideologischen Schlager der Jahrhundertwende gemacht. Im besonderen suchte die deutsche Politik um 1900, soweit sie in Berlin stattfand, ihr Heil noch immer in Reichs- und Kaiserspielen, während lose Einzelne aus ganz Europa in Ascona zusammenströmten, um in südlicher Atmosphäre die Wiedergeburt des Menschen in der individualistischen Kleingruppe zu proben.

Die Politik des Industrialismus zeichnet sich vor allem dadurch aus, daß sie ihre eigene Neuartigkeit am Anfang selbst nicht begreifen konnte – ein Grund, warum sie die Kategorien des agrarischen Weltalters auf politischer Ebene lange in die nachagrarische, die transklassische, die hyperpolitische Weltlage verschleppte. Die beiden politischen Monstren unseres Jahrhunderts, Faschismus und Leninismus-Stalinismus, sind aus solchen malignen Verschleppungen entsprungen. Beide stellen Versuche dar, moderne Gemeinwesen durch Kurzschlüsse zwischen Monarchie und Kommune herzustellen – im Fall des Faschismus durch eine fusionäre Politik, die den Führer – den Schicksalskaiser – mit der Volksgemeinschaft in eine schwüle Hyper-Horden-Totalität zusammenschloß; im Fall des Leninismus-Stalinismus durch eine Direktverknüpfung zwischen der Diktatur – dem Para-Zarismus – und den basiskommunal gedachten Räte-(Horden)-Elementen. Beide Politiken scheiterten an der falschen Projektion des Kleinen ins Große. Jedesmal ließ sich beobachten, was passieren kann, wenn der menschenverbrauchende Großstaat direkt als menschenbildende Intimgruppe auftritt: dann wird der Brutkasten zum Schlachtfeld und das Staatsterritorium zum Völkergrab. Diese tückische Groß-

Klein-Vertauschung läßt sich im Denken wie im Handeln der faschistischen und leninistisch-stalinistischen Protagonisten bis ins Detail nachweisen. Schon in den Grundworten der Bewegungen, »Kommunismus« und »National-Sozialismus«, ist der Formatschwindel im Kern der Ideologien wahrzunehmen. Was die Führer der Bewegungen anbelangt, so fällt an ihnen auf, daß sie ihre Überforderung durch die an sie heranreichenden Großprobleme mit der Zuflucht zu Wahnsystemen und Ideologien kompensierten; was sich bei Kaiser Wilhelm wie bei Hitler, bei Lenin wie bei Stalin konstatieren läßt, ist ein Rückschlag der Megalopathie zur Megalomanie. Individuen dieses Typs erscheint die Meldung, Gott sei tot, nicht wirklich schlimm, solange sie da sind, um seine Stelle zu vertreten. Im Umbruch zwischen Agrarweltalter und Industrieweltalter bekommen – wie in Zwischenzeiten typisch – Psychopathen die Chance, als Staatenlenker kollektive Konfusionen zu exekutieren. Im Blick auf diese großen Fehlproben zu einer Politik des industrialistischen Weltalters ließe sich die These wagen: Die Geschichte der neueren (nachklassischen) Politik ist bisher die Geschichte von Format-Fehlern. Man kann aus ihnen zweierlei lernen: zum einen, daß Versuche, die Kommune im Großen herzustellen, in Totalitarismen münden; zum anderen, daß eine Vernachlässigung der kleinen Einheiten die modernen Gesellschaften auf längere Sicht in psychopathologische Sackgassen führen muß. Wenn Michael Walzer sagen konnte: »Die Linke hat die Stämme nie verstanden«, so wäre dem hinzuzufügen: Die nationale Rechte hat den Unterschied zwischen Staat und Horde nie verstanden. Was beide nicht begriffen haben, ist der Umstand, daß mit dem Anbruch des postagrarischen Weltalters das Verhältnis von Großem und Kleinem auf neue lebbare Konfigurierungen wartet. Was in »Theorie und Praxis« ansteht, ist die Implantierung einer Politik für das Zeitalter der Reichslosigkeit. Wir nennen sie Hyperpolitik, weil steigende Anforderungen an die Kunst des Zusammengehörens zu signalisieren sind; aber auch, weil Ironie nötig ist, um die klassische Politik an ihrem Zentralnerv, der staatlichen Simulation von Hyper-Horden, ein wenig zu reizen.

Für freisinnige Theoretiker des Industriezeitalters bietet die Erkenntnis, daß die Allianz von Industriegesellschaft und Demokratie keineswegs so unzertrennlich ist, wie westliche Ideologen möchten, seit einiger Zeit Grund zu Verärgerung und Besorgnis. Ärgerlich ist die schlechte Gesellschaft, in die der redliche Kapitalismus zu geraten scheint, wenn er sich in semifeudalen Gesellschaften und Diktaturen so vorzüglich bewährt, wie es offenkundig der Fall ist*; besorgniserregend ist die Vermutung, daß es Grenzen des Demokratie-Exports geben könnte und daß es um die Demokratisierbarkeit nicht-europäischer Gesellschaf-

---

* Vgl. Francis Fukuyama, *Das Ende der Geschichte. Wo stehen wir?* München 1992, S. 14. »Es gibt keinen ökonomisch zwingenden Grund, warum fortgeschrittene Industrialisierung die liberale Demokratie zur Folge haben müßte.«

ten schlechter stehe, als bisher irgend jemand im Lager der Wohlgesinnten anzunehmen wagte. Ich möchte die Vermutung äußern, daß es bei der Trennung der Schein-Zwillinge Demokratie und Kapitalismus um etwas ganz anderes geht als um die Einführung von Parlamenten und freien Wahlen in gewissen afrikanischen, asiatischen und südamerikanischen Staaten. Was in vielen außereuropäischen industrialisierenden oder industrialisierten Ländern einer Demokratisierung im westlichen Sinne im Wege steht, sind massive Relikte von »Kulturen«, die ihrem Grundzuge nach agrarweltalterlichen oder älteren Prinzipien gehorchen. Das Phänomen ist aus den katholischen und ländlichen Gebieten Europas wohlbekannt – in den »konservativen Revolutionen« und Integrismen der zwanziger und dreißiger Jahre hat es dort seine ideologische und politische Zuspitzung gefunden. Man stelle sich vor: Auch wenn nach 1933 in Berlin ein freier Reichstag fortbestanden hätte und die Bürger von Freiburg im Breisgau zu freien, gleichen, geheimen und öffentlichen Wahlen hätten gehen können, so wäre Martin Heidegger, um ein berüchtigtes Beispiel zu erwähnen, bei einem eventuellen Gang zu den Urnen doch kein Demokrat im Sinne des triumphierenden Liberalismus geworden. Allerdings wäre er, im Unterschied zu vielen viszeralen Antimodernen in Zweiten und Dritten Welten, imstande gewesen, liberalen Programmatikern, hätten sie zuhören wollen, Rechenschaft über die Gründe seiner A-demokratie zu geben; er hätte in klarer Rede, etwas raunend womöglich, erklärt, daß Demokratie zwar Volksherrschaft bedeute, in der Tiefe jedoch ein Deckwort für ein noch unbegriffenes Verhängnis sei, das auf die Zerstörung dessen hinarbeite, was angeblich das Herrschende sei, des Volkes im traditionellen vormodernen Sinne. Aus Todtnaubergischer Sicht ist Demokratie ein Codewort für städtischen Individualismus, für Erlebnis-Orientierung, für die Vernutzung aller Dinge – kurzum für die politische Maske des Nihilismus. Wir begreifen sofort, daß es kein Moderner sein kann, der so redet – manche werden mit dem respektlosen Impuls kämpfen, dem Mann zu sagen, er möge in seiner Hütte bleiben. Immerhin, versteht man Heidegger als den letzten Kopf des agrarischen Weltalters, so ließen sich seine Vorbehalte gegen die industrialistische Modernität als Kontrastfolie für eine positive Theorie des Neuen fruchtbar machen.

Für das Irgendwas, das tot ist oder im Sterben liegt, haben wir oben einen geschichtsphilosophischen Titel vorgeschlagen, für das Irgendwie, in dem die Lebensprozesse weitergehen, fehlt bis weiteres ein Begriff. Vielleicht kommen unsere Überlegungen auf eine Spur, die zu Ergebnissen führt, wenn wir bei dem in der Freiburger Schule unterstellten Zusammenhang zwischen Demokratismus und Nihilismus ansetzen – wobei das Wort Nihilismus nicht als Schlagstock gegen Befunde an der modernen Welt gebraucht werden soll, sondern als Problemtitel für eine Weltlage »nach der Substanz«. Demokratie ist möglicherweise tatsächlich ein Deckname für eine Großtendenz der Modernität, die tief in der europäischen Geschichte ansetzt: den neuzeitlichen Individualismus. Dieser aber hat vielleicht einen ganz anderen Sinn als den eines latent »diabolischen« Aufstands gegen die Geheiße des Seins.

Wenn westliche Menschen sich heute mühelos als Demokraten bezeichnen, dann meistens nicht, weil sie den Anspruch erheben, das Gemeinwesen in täglichen Anstrengungen mitzutragen, sondern weil sie Demokratie zu Recht für die Gesellschaftsform halten, die es ihnen erlaubt, n i c h t an den Staat und die Kunst des Zusammengehörens zu denken. Es gibt starke Gründe zu der Vermutung, daß mit dem modernen Individualismus eine dritte Welle von Insulierung angelaufen ist, die weit über die Individualisierungs-Standards alteuropäischer Zeiten hinausführt. Zahllose Einzelne beginnen nun, sich gegen »Gesellschaft überhaupt« zu insulieren. Hatte Immanuel Kant zu Beginn des bürgerlichen Zeitalters von der ungeselligen Geselligkeit des »Menschen« gesprochen, so haben zweihundert Jahre Modernität Raum gegeben, um das negative Moment der Formel auszuleuchten. Demokratie wäre in solcher Sicht der politische Konsensus der unpolitischen Ungeselligen. Ständig wachsende Zahlen von losen Einzelnen driften kraft der Logik industriegesellschaftlicher Verhältnisse in eine sekundäre Einsamkeit unter ihresgleichen, von deren Qualität moralisch besetzte Ausdrücke wie »apolitisch« oder »asozial« keine Vorstellung geben. Man könnte den Eindruck gewinnen, als sei das Ein-Personen-Appartement der Fluchtpunkt der Zivilisation und der Alleinlebende die Krönung eines über Jahrtausende gehenden anthropologischen Verfeinerungsprozesses; wir wollen diesen so bezeichnen, auch wenn starke Indizien dafür sprechen, daß Verfeinerung und Verrohung, Verwöhnung und Verzweiflung zunehmend auf dasselbe hinauslaufen. Immer mehr Individuen lassen sich nach Lebensweise und Selbstbewußtsein als nomadisierende Inseln beschreiben. Im Appartement-Individualismus der postmodernen Großstädte wird Inselhaftigkeit zur Definition des Individuums selbst. Der Terminus Insulation hatte, man erinnert sich, in erster Instanz die Sezession der Hordenmenschheit von der Alten Natur auf den Begriff gebracht; unter zweiter Insulierung verstanden wir die hochkulturelle, für Klassengesellschaften typische Verwendung des Menschen durch den Menschen, charakterisiert durch die Gabelung der Evolution in offensive Hochchancenzonen und defensive Pauperkulturen. Die dritte Insulierung erzeugt, vom Niveau der »reichen« Hochchancen-Inseln ausgehend, einen gleichsam nach-sozialen Individualismus, der ein hohes Maß an sozialen Begünstigungen als Voraussetzung für die Abkehr der Einzelnen vom System ihrer Hervorbringung sowohl erzeugt als auch in Anspruch nimmt. Die dritte Welle braucht für die Konstruktion der Gesellschaft Individuen, die die Gesellschaft immer weniger brauchen. Der Sozialismus hat sich als Asozialismus verwirklicht. Das systemtheoretische Leitwort Ausdifferenzierung läßt sich, wie es scheint, nicht nur für den Eigensinn von Subsystemen wie Politik, Wirtschaft, Wissenschaft, Medizin, Religion,

Schulwesen, Sport, Verkehr und Recht einsetzen, sondern auch für die eigensphärische Verfassung der Individuen in der industrieweltalterlichen Gesellschaft. Jedes Individuum wird tendenziell auch für sich selbst zu eben dem »psychischen System«, als welches die avanciertesten Beschreibungen es portraitieren: Auf seiner Ausdifferenzierungs-Bahn gleicht jedes Individuum einer Rakete, die in ihren Eigen-Welträumen unterwegs ist. In den modernen Systemtheorien kündigt sich, wie es scheint, schon die neue Denkform als Logik der dritten Insulationswelle und der industrieweltalterlichen Rationalität an; es handelt sich um eine Logik der Funktionen, der Relationen, der Verflüssigungen oder, mit Luhmann zu reden, um eine Denkform für haltlose Komplexität. Was im Politischen Reichslosigkeit ist, erscheint im Logischen als Grundlosigkeit, im Anthropologischen als Krise der Elternschaft und des genealogischen Prinzips.

Die dritte Insulierungswelle hebt ihrer Tendenz nach den Vorrang der Wiederholung vor der Erneuerung im Lebensprozeß der Gesellschaft auf. Individuen im Individualismus gehen aus Bildungsgeschichten hervor, die sich nicht mehr an der Leitidee: Wiederholung des Menschen durch den Menschen, orientieren. Insofern hat die Entwicklung der modernen Welt Nietzsches Theorem von den »letzten Menschen« aus dem Prolog zu *Also sprach Zarathustra* um einen Sinnzuwachs bereichert, der über die Intuitionen seines Autors weit hinausgeht. Der letzte Mensch im industriezeitalterlichen Individualismus ist nicht nur der gesellige Positivist, der das Glück erfunden hat, mit seinem Lüstchen für den Tag und seinem Lüstchen für die Nacht. Der letzte Mensch ist vielmehr der Mensch ohne Wiederkehr. Er wird in eine Welt eingebaut, die keinen Vorrang der Reproduktion mehr anerkennt. Individuen dieses Typs sind ihrem Selbstverständnis und mehr noch ihrer Stellung im Generationenprozeß nach sowohl Neue als auch Letzte. Sie leben im Gefühl der Nicht-Wiederkehr; das zu Ende individualisierte Individuum will das Erlebnis, das sich selbst belohnt; es führt sein Leben als Endverbraucher seiner selbst und seiner Chancen.*

Nach einer Statistik des Jahres 1993 empfindet sich jeder fünfte deutsche Jugendliche als Künstler oder hält die Lebensform des Künstlers für die erstrebenswerteste; es darf unterstellt werden, daß unter dem Künstler nicht mehr der schöpferisch Arbeitende verstanden wird, sondern der verklärte letzte Mensch im permanenten Erlebnisfluß. Für Künstler wie Nicht-Künstler bedeutet die Aussicht auf Nachkommen nicht länger Selbstwiederholung von Lebensformen in neuen Generationen; Fortpflanzung eröffnet, wo sie unterläuft, Perspektiven auf Unvorhersehbarkeiten in Form von Kindern, die schon als unähnliche Neumenschen in unähnlichen Neuwelten existieren

* Einen Versuch, den Erlebnis-Begriff bei der Beschreibung moderner Gesellschaften in einen grundbegrifflichen Rang zu erheben, hat Gerhard Schulze vorgelegt: *Die Erlebnis-Gesellschaft. Zur Soziologie der Gegenwart*, Frankfurt am Main 1992.

werden.* Für die Selbstwahrnehmung der Gesellschaft zeitigt dies kaum zu überblickende Folgen; eine Gesellschaft von Neuen und Letzten sieht in sich selbst eine Firma ohne Substanz – ein Feld mit unüberschaubar vielen Vektoren. In dem ist Zukunft kaum noch durch Fortschreibung des Gegebenen zu bestimmen. Die Nachkommen darin werden daher anders erben und vererben als in der traditionellen Welt; man übernimmt von den Älteren weniger Qualitäten als Quantitäten, eher Startchancen als konkrete Tugenden; man fragt bei Hinterlassenschaften neunmal Wieviel und nur einmal Was. Testamente verwandeln sich in Achselzucken – wer mag schon daran glauben, daß in der Zukunft jene leben werden, die es besser haben und besser machen? Namen sind überall dabei, Schall und Rauch – oder Warenzeichen – zu werden.

Während aber die Kultur-Szenen die neue Instabilität affirmativ verarbeiten, das Chaos begrüßen und die Inkonsequenz zelebrieren, setzt seit wenigen Jahren, von ökologischen Zirkeln ausgehend, dann von ökonomischen gesteigert, eine neuartige Diskussion über

* Für diese »unähnlichen« Nachkommen hat sich in den letzten Jahrzehnten der biologische bzw. systemische Ausdruck »Leben« durchgesetzt – etwa in der Wendung »werdendes Leben«. Er korrespondiert mit der weitverbreiteten Bewußtseinslage, daß Nachwuchs eine Sache des medizinisch-biopsychischen Managements geworden ist. Vgl. hierzu Barbara Duden, *Frauenleib als öffentlicher Ort. Vom Mißbrauch des Begriffs Leben*, Frankfurt am Main 1991.

Nachhaltigkeit – *sustainability* – ein. Man begreift allmählich, daß der gegenwärtige *way of life* und Langfristigkeit zwei einander strikt ausschließende Größen sind. Die von »progressiven« Öko-Ökonomen angefachte Debatte zeigt an, wie die Intelligenz des dominierenden Subsystems hinter den riskantesten Grundzug des Industrialismus gekommen ist: Man läßt, noch vorsichtig dosiert, die Erkenntnis zu, daß das Gesamtsystem in der Ideologie einer nicht-reproduktiven Produktivität verwurzelt ist – was einer ökonomischen Variante der Nihilismus-Diagnose gleichkommt.

Der industrielle Prozeß im Großen baut mehr natürliche und menschliche »Reserven« ab, als er selbst erzeugen oder regenerieren kann. Insofern ist er so autopoietisch wie ein Krebs, so schöpferisch wie ein Feuerwerk, so produktiv wie der Anbau von Drogen. Was mehr als zweihundert Jahre lang fast unangefochten als menschliche Produktivität gefeiert wurde, wird zunehmend in seinem destruktiven und suchthaften Charakter durchschaubar. Über eine ganze Sequenz von Generationenwechseln hin haben jeweils mehrerlebende, mehr-verzehrende, mehr-entwertende jüngere Generationen relativ konservierende, relativ sparende, relativ erlebnisärmere ältere abgelöst – eine Sequenz, die man bei der Jugend der Französischen Revolution, spätestens aber mit der Jugend der Gründerzeit und den vitalistischen Auflehnungen gegen die Bürgerväter-Welten beginnen lassen kann. Was zuerst am letzten Menschen – dem Einzelnen ohne Wiederkehr – ins Auge fällt, tritt nach und nach auch an den Waren ohne Wiederkehr, den Rohstoffen ohne Wiederkehr, den Arten ohne Wiederkehr und schließlich an Biotopen und Atmosphären ohne Wiederkehr in Erscheinung. Die letzten Menschen kommen nicht umhin, im Anblick letzter Dinge und letzter Naturen Schlüsse auf sich selbst zu ziehen. Daher ist Hyperpolitik – was immer sie sonst sein mag – die erste Politik für die letzten Menschen. Indem sie das Zusammenseinkönnen der Letzten organisiert, muß sie eine beispiellos anspruchsvolle Wette halten; sie steht vor der Aufgabe, aus der Masse der Letzten eine Gesellschaft von Individuen zu machen, die es auf sich nehmen, weiterhin Mittlere zu werden zwischen Vorfahren und Nachkommen. Die hyperpolitische Gesellschaft ist eine Wettgemeinschaft, die auch in Zukunft auf Weltverbesserung spielen wird; was sie zu lernen hat, ist ein Verfahren, ihre Gewinne so zu machen, daß es auch nach ihr noch Gewinner geben kann. Dies setzt voraus, daß die Hyperpolitik zur Fortsetzung der Paläopolitik mit anderen Mitteln wird. Auch in einer Gesellschaft von »letzten« Menschen darf die älteste Kunst, den Menschen durch Menschen zu wiederholen, nicht verlernt werden.* Das Buch über dieses Größte vom Großen ist nicht geschrieben. Sollte es eines Tages seinen Verfasser finden, sein Titel könnte lauten: Die offene Horde und ihre Feinde. Sein Thema wäre die Begünstigung des Menschen durch den Men-

* Vgl. Sara Ruddick, *Mütterliches Denken. Für eine Politik der Gewaltlosigkeit*, Frankfurt am Main/New York 1993.

schen, es erzählte die Geschichte unserer Species als ein mäzenatisches Abenteuer. Es wäre, als Testament des politischen Tiers, der Roman einer sehr alten, sehr weisen, sehr verirrten Gattung.

Inhalt

Soziologie, Ethnologie, Politik
in den suhrkamp taschenbüchern

Adorno, Theodor W.: Studien zum autoritären Charakter. Aus dem Amerikanischen von Milli Weinbrenner. Vorrede von Ludwig von Friedeburg. st 107

Beck, Ulrich: Politik in der Risikogesellschaft. Essays und Analysen. Mit Beiträgen von Oskar Lafontaine, Claus Offe, Joschka Fischer, Erhard Eppler u.a. st 1831

– Das ganz normale Chaos der Liebe. st 1725

Brecht, Bertolt: Schriften zur Politik und Gesellschaft 1919–1956. st 199

Broch, Hermann: Politische Schriften. st 445

– Massenwahntheorie. Beiträge zu einer Psychologie der Politik. st 502

Camartin, Iso: Nichts als Worte? Ein Plädoyer für Kleinsprachen. st 1974

Duerr, Hans Peter: Intimität. Der Mythos vom Zivilisationsprozeß. Band II. Mit zahlreichen Abbildungen. st 2335

– Nacktheit und Scham. Der Mythos vom Zivilisationsprozeß. Band I. st 2285

– Sedna oder die Liebe zum Leben. st 1710

Elias, Norbert: Mozart. Zur Soziologie eines Genies. Herausgegeben von Michael Schröter. st 2198

Elias, Norbert / John L. Scotson: Etablierte und Außenseiter. Aus dem Englischen von Michael Schröter. st 1882

Enzensberger, Hans Magnus: Politik und Verbrechen. Neun Beiträge. st 442

Eribon, Didier: Michel Foucault. Eine Biographie. Aus dem Französischen von Hans-Horst Henschen. st 2226

Fanon, Frantz: Die Verdammten dieser Erde. Vorwort von Jean-Paul Sartre. Deutsch von Traugott König. st 668

Foucault, Michel: Überwachen und Strafen. Die Geburt des Gefängnisses. Aus dem Französischen von Walter Seitter. st 2271

Hesse, Hermann: Politik des Gewissens. Die politischen Schriften. 1. Band: 1914–1932. 2. Band: 1933–1962. Vorwort von Robert Jungk. Herausgegeben von Volker Michels. st 656

Konrád, György / Iván Szelényi: Die Intelligenz auf dem Weg zur Klassenmacht. Übersetzt von Hans-Henning Paetzke. st 726

Kracauer, Siegfried: Die Angestellten. Aus dem neuesten Deutschland. Mit einer Rezension von Walter Benjamin. st 13

Kraus, Karl: Sittlichkeit und Kriminalität. st 1311

Mayer, Hans: Außenseiter. st 736

– Der Turm von Babel. Erinnerung an eine Deutsche Demokratische Republik. st 2174

Soziologie, Ethnologie, Politik
in den suhrkamp taschenbüchern

Philosophie
in den suhrkamp taschenbüchern

Philosophie
in den suhrkamp taschenbüchern

Russell, Bertrand: Eroberung des Glücks. Neue Wege zu einer besseren
Lebensgestaltung. Autorisierte Übersetzung von Magda Kahn. st 389
Sloterdijk, Peter: Der Zauberbaum. Die Entstehung der Psychoanalyse
im Jahr 1785. Ein epischer Versuch zur Philosophie der Psychologie.
st 1445

257/2/11.94

suhrkamp taschenbücher
Eine Auswahl

suhrkamp taschenbücher
Eine Auswahl

suhrkamp taschenbücher
Eine Auswahl

suhrkamp taschenbücher
Eine Auswahl

265/5/11.93

suhrkamp taschenbücher
Eine Auswahl

265/6/11.93